GWLAD FY NHADAU

Evan James : Ieuan ab Iago
1809 – 1878

James James : Iago ab Ieuan
1833 – 1902

Gwlad Fy Nhadau
Ieuan, Iago, eu hoes a'u hamserau

Gwyn Griffiths

Argraffiad cyntaf: Mai 2006

Hawlfraint: Gwyn Griffiths / Gwasg Carreg Gwalch 2006

ISBN 1-84527-097-5

Cynllun y clawr: Alan Jôs, Stiwdio 23, Caernarfon, yn seiliedig ar fathodyn a fathwyd yn arbennig gan y Bathdy Brenhinol yn Llantrisant i nodi 150 o flynyddoedd ers cyfansoddi *Hen Wlad Fy Nhadau*

Argraffu: Gwasg Dwyfor, Penygroes

Lluniau: Gwyn Griffiths, Amgueddfa Tref Pontypridd a'r Llyfrgell Genedlaethol

Mae'r cyhoeddwr yn cydnabod cefnogaeth ariannol Cyngor Llyfrau Cymru

Cyhoeddwyd gan
Wasg Carreg Gwalch, Llanrwst
01492 642031

Hen Wlad Fy Nhadau

Mae hen wlad fy nhadau yn annwyl i mi,
Gwlad beirdd a chantorion enwogion o fri,
Ei gwrol ryfelwyr, gwladgarwyr tra mad,
Dros ryddid collasant eu gwaed.

Gwlad, Gwlad, pleidiol wyf i'm gwlad.
Tra môr yn fur i'r bur hoff bau,
O bydded i'r heniaith barhau.

Hen Gymru fynyddig, paradwys y bardd,
Pob dyffryn, pob clogwyn, i'm golwg sydd hardd,
Trwy deimlad gwladgarol mor swynol yw si
Ei nentydd, afonydd i mi.

Gwlad, Gwlad, pleidiol wyf i'm gwlad.
Tra môr yn fur i'r bur hoff bau,
O bydded i'r heniaith barhau.

Os treisiodd y gelyn fy ngwlad dan ei droed,
Mae heniaith y Cymry mor fyw ag erioed,
Ni luddiwyd yr awen gan erchyll law brad,
Na thelyn berseiniol fy nglwad.

Gwlad, Gwlad, pleidiol wyf i'm gwlad.
Tra môr yn fur i'r bur hoff bau,
O bydded i'r heniaith barhau.

Er cof am fy rhieni
William a Jane Griffiths,
fy chwaer Lottie
a ddysgodd i mi eiriau
Hen Wlad Fy Nhadau
ac i Gwilym

Rhagair

Comisiynwyd y gyfrol hon gan gyfaill a hen gydweithiwr, y diweddar Dafydd Meirion, Llyfrau Llais. Fe wêl y byd cyhoeddi yng Nghymru golli ei weledigaeth a'i egni. Ni all geiriau fynegi fy nhristwch na fu byw i weld cyhoeddi'r gyfrol. Mae fy nghydymdeimlad ag Alys yn ddwys ac rwy'n diolch iddi am ganiatâu cyhoeddi'r gyfrol dan amgylchiadau trist ac anodd.

Mae fy nyled yn enfawr i Alan Jones, Stiwdio 23, am barhau'n ffyddiog gyda'r gwaith, am ei drylwyredd ac am y pleser o gydweithio ag ef. Diolch o galon, hefyd, i Myrddin ap Dafydd, Gwasg Carreg Gwalch, am afael yn y prosiect a sicrhau bod y gyfrol yn gweld golau dydd. Rwyn siwr y byddai cyfansoddwyr ein hanthem, fel finnau, yn llwyr werthfawrogi ymdrechion Alan a Myrddin!

Diolch i ddisgynyddion teulu niferus Ieuan ab Iago (Evan James) a Iago ab Ieuan (James James) am eu caredigrwydd, eu diddordeb a'u brwdfrydedd – yn arbennig Mrs Barbara Jenkins, Mynydd Cynffig, Dr David Williams, Bargod, a Thomas Taliesin Leyshon y bûm yn pori llawer yn ei gyfrol sy'n cyfuno hanes teulu'r Jamesiaid a theulu William Edwards, adeiladwr pont enwog Pontypridd.

Mae arnaf ddyled fawr i Brian Davies, Curadur Amgueddfa Pontypridd, am lu o awgrymiadau gwerthfawr a diddorol a chymorth ymarferol.

Yr un modd, ni fedraf ddiolch gormod i'r Dr Meredydd Evans a Ms Phyllis Kinney am eu croeso a'u parodrwydd i rannu eu gwybodaeth amhrisiadwy gyda mi. Hefyd i Daniel Huws, cyn-Bennaeth Adran Llawysgrifau y Llyfrgell Genedlaethol yn Aberystwyth.

Diolch i Nicholas Walker a Mrs Lowri Jenkins yn Amgueddfa Werin Sain Ffagan am eu cymorth parod a'u hamynedd; i Hywel Matthews yn Llyfrgell Tref Pontypridd am nifer o gymwynasau; ac i staff Adran Llawysgrifau'r Llyfrgell Genedlaethol.

Diolch i Tim Saunders am gymorth gwerthfawr gyda'r cyfieithiadau o *Hen Wlad Fy Nhadau* i'r Wyddeleg a Chernyweg ac i Brian Stowell am ei gymorth gyda fersiwn Ynys Manaw.

Mae'n ystrydeb ymysg awduron i ddiolch i'w gwragedd. Yn yr achos hwn y mae arnaf ddyled arbennig i Gwen a dreuliodd oriau lawer gyda mi yn ymgodymu â llawysgrifen ddestlus – ac anodd – Ieuan ab Iago.

Un nodyn bach o eglurhad. Gan fod cynifer o bobl o'r enw Evan James a James James yn y teulu lluosog hwn, er ceisio osgoi amwysedd penderfynais gyfeirio atynt wrth eu henwau barddol, Ieuan ab Iago a Iago ab Ieuan.

Gwyn Griffiths,
Pontypridd

Cynnwys

Rhagymadrodd	10
Cyfansoddi'r Anthem	17
Iago ab Ieuan, a dirgelwch yr alaw	42
Teulu'r Jamesiaid	61
Pontypridd ganol y 19eg ganrif	73
Ieuan ab Iago, y bardd a'r dyn	91
Anthem y Brythoniaid	106
Y gofeb yn y Parc	113
Barddoniaeth Ieuan ab Iago	118
Atodiadau	154
Llyfryddiaeth	158

Rhagymadrodd

Saif *Hen Wlad Fy Nhadau* yn urddasol ymysg anthemau mwyaf cynhyrfus y byd, hynny er ei chyfansoddi gan ddau werinwr, tad a mab, o deulu o wehyddion a thafarnwyr yn un o drefi'r de diwydiannol. Ym 1856, flwyddyn cyfansoddi ein hanthem, tref fechan ar gychwyn ei thyfiant oedd Pontypridd, tref Gymraeg ei hiaith â'r llifeiriant poblogaeth a'i trodd y fwyaf Seisnig o drefi'r de eto i ddod.

Cân o gariad a chlod i'r hen Gymru cyn-ddiwydiannol ydyw – yr hen Forgannwg a Gwent wledig Gymraeg, i fod yn fanwl. Cân yn anwylo'r hen ramantiaeth – y pennill cyntaf â'i gyfeiriad at feirdd, cantorion a'r rhyfelwyr dewr a gollodd ei gwaed tros ryddid. Ail bennill â'i fawl i'r hen Gymru fynyddig, ei dyffrynnoedd, clogwyni, nentydd ac afonydd. Rhaid mynd i'r trydydd pennill cyn clywed tinc o genedlaetholdeb, ond eto mae Evan James (Ieuan ab Iago) yn gytbwys ei neges. Nid trais y gelyn yn unig fu'n gyfrifol am iddi golli ei rhyddid ond "erchyll law brad" – y Cymry eu hunain. Eto, mae'r awen yn dal yn iraidd ac ni thawelwyd y delyn.

Ac yn llinyn arian drwy'r cyfan mae cariad at yr iaith – "O bydded i'r heniaith barhau".

I genedl a fu hyd yr ugeinfed ganrif yn dlawd o sefydliadau bu'r iaith yn symbol sylfaenol o'n arwahanrwydd. Onibai am iaith i'n gwahaniaethu oddi wrth Loegr, ni fuasai gennym na Chynulliad, Prifysgol, Amgueddfa, Llyfrgell na sianel deledu. A'r ffyddlondeb hwn i'r iaith a pharodrwydd yr ychydig i gynnal ei breichiau a'n clymodd yn genedl. Os oddeutu 20 y cant sy'n rhugl yn yr iaith rhaid i'r 80 y cant arall dderbyn a gwerthfawrogi y buasem hebddi yn genedl llawer tlotach – yn sefydliadol a diwylliannol. Yr oedd Ieuan ab Iago yn deall pwysigrwydd ac arwyddocâd yr iaith yn ei gyfnod ef ei hun, hyd yn oed os na fedrai fod wedi rhagweld ei phwysigrwydd yn yr ugeinfed ganrif. Ac os oedd ceffylau blaen y genedl yn y bedwaredd-ganrif-ar-bymtheg yn anghysurus gyda chân â gyhoeddai'n groyw "O bydded i'r heniaith barhau", i'r werin yr oedd wedi taro tant a bontiodd ddwy ganrif – a chanrifoedd i ddod, gobeithio.

Ganwyd anthemau mewn cyfnodau gwladgarol, rhyfelgar yn fynych. Caneuon i ysbrydoli ac annog, i adlewyrchu balchder cenedlaethol, i ymfalchïo ac ymffrostio mewn buddugoliaethau ar faes y gad. Yr oedd canol y bedwaredd-ganrif-ar-bymtheg yn ganrif o ymdeimlad cenedlaethol, cenedlaetholdeb Cymreig yn fynych yn milwrio yn erbyn llanw enfawr cenedlaetholdeb Prydeinig. Bu'n ganrif ryfeddol gynhyrchiol yn llenyddol, gerddorol, hyd yn oed mewn gweithgarwch celfyddydol na chysylltir bob amser â'n cenedl, fel arlunio a cherflunio. Yr oedd mynd ar yr Eisteddfod a chynddeiriogwyd yr ysbryd cenedlaethol gan Frad y Llyfrau Gleision. Yr oedd yn amlwg bod ymdeimlad o'r angen am gân genedlaethol i Gymru. Yr oedd y gân *I Wisgo Aur Goron* Ceiriog ar y dôn *Glan Meddwdod Mwyn* yn bur boblogaidd – fe'i canwyd yn Eisteddfod Llangollen, 1858, yr Eisteddfod ddaeth â *Hen Wlad Fy Nhadau* i sylw'r genedl. Bu eraill yn pyncio ar yr un thema. Flwyddyn cyn cyfansoddi *Hen Wlad Fy Nhadau* yr oedd Talhaiarn yn cyfansoddi cân ar y testun *Gogoniant i Gymru* i'w chanu ar yr alaw *Llwyn Onn*. Ni chyfeiriodd yn uniongyrchol at yr iaith, ond canodd i'r awen a'r delyn, i harddwch ein mynyddoedd a'n dyffrynnoedd, "pob afon, pob aber, pob llannerch a llyn", am wroldeb tywysogion yn brwydro dros ryddid.

Hwyrach mai alaw'r mab, y telynor a'r tafarnwr James

James (Iago ab Ieuan), ddaeth ag anfarwoldeb i eiriau Ieuan. Neu bod "y tad a'r mab o Bontypridd trwy berffaith uniad awen y naill a pheroriaeth y llall" fel y dywed y geiriau ar y gofeb ym Mharc Ynysangharad wedi rhoi "o dynerwch eu cariad at Gymru anthem y genedl." Fel y gwelir yn y gyfrol hon, erys dirgelwch ynglŷn â pha un ddaeth gyntaf, y gerdd neu'r alaw. Teg ategu i Gymry eraill wneud eu rhan – Llewelyn Alaw a'i cynhwysodd yn ei gasgliad o alawon ar gyfer Eisteddfod Llangollen 1858, Owain Alaw oedd yn feirniad yn yr Eisteddfod honno ac a ddotiodd ati, a'r corau a'r cynulleidfaoedd a thorfeydd caeau rygbi fu'n cywasgu ac ymestyn cytgan wefreiddiol Iago ab Ieuan allan o'i 16 bar gwreiddiol. A'r saib anfarwol ar *heniaith*, gair olaf ond un yr anthem.

Dywedodd Dr William Crotch am gerddoriaeth ryfelgar y Cymry, yn ei *Specimens of Various Styles of Music*, ei bod uwchlaw unrhyw genedl arall. Boed hynny fel y bo, mae'r alaw a gyfansoddwyd gan y tad a'r mab diymhongar o Bontypridd, yn haeddu clod o beidio cael ei amharu drwy fod yn rhy swnllyd, na chael ei llygru gan afledneisrwydd, na'i difetha gan eithafrwydd. Dywedwyd fod iddi ddigon o fydr heb niweidio cymeriad urddasol y cyfansoddiad.

Cân ddiymhongar o fawl i Gymru, yn datgan cariad syml at wlad yw *Hen Wlad Fy Nhadau*. Ni cheir anogaeth gras i godi arfau, na chodi llais ar Dduw i erfyn am fuddugoliaethau i frenin neu frenhines. Yn wir, nid oes gymaint ag un cyfeiriad at Dduw yn y gân – sy'n egluro pam y dadleuwyd o blaid ei disodli gan emyn Elfed *Cofia'n Gwlad, Benllywydd Tirion*, a geiriau Lewis Valentine *Dros Gymru'n Gwlad* ar y dôn *Finlandia*. Ceisiwyd ei disodli droeon gan *God Bless The Prince of Wales*. Awgrymwyd hynny yn Debrett, sy'n rhestru aelodau Tŷ'r Arglwyddi, mor ddiweddar â 1970. Ni fedraf wella ar ymateb pigog Ivor Wynne Jones yn y *Daily Post*

(Awst 18, 1970) sef na ddichon dim da ddod o fabwysiadu'r *"...sycophantic God Bless The Prince of Wales"* gan ychwanegu'n swta fod gennym Anthem Genedlaethol yn barod a'i bod yn llawn digon da, diolch yn fawr. Rhaid nad oedd pawb yn cytuno, oherwydd ym 1969 – blwyddyn yr arwisgo o bob blwyddyn – trefnwyd cystadleuaeth cyfansoddi anthem genedlaethol i Gymru yn yr Eisteddfod Ryngolegol. Y ddadl oedd fod canu *Hen Wlad Fy Nhadau* wedi mynd yn ddefod ystrydebol a neb yn ymwybodol o'r hyn oeddynt yn ei ganu. Mae'n debyg i ddau gynnig ddod i law – ond ataliwyd y wobr! Ofer fu pob ymdrech i'w disodli. Glynodd y genedl wrthi, yn Gymry-Cymraeg a di-Gymraeg – a methiant fu pob ymdrech i lunio cyfieithad Saesneg boddhaol. Yng ngeiriau cyfeilles, un o'r enwocaf o'n llenorion sy'n sgrifennu'n Saesneg, "Dau beth sy'n uno'r Cymry, rygbi a *Hen Wlad Fy Nhadau.*" Gan ychwanegu na all fod fawr ddim o'i le ar anthem sy'n hepgor unrhyw gyfeiriad at Dduw a brenhiniaeth!

Ym 1905, pan ddaeth tîm rygbi Seland Newydd i chwarae Cymru yng Nghaerdydd, sgrifennodd ryw ŵr o'r enw Tom Williams o'r Rhondda i'r wasg yn awgrymu y dylid canu *Hen Wlad Fy Nhadau* cyn y gêm fel adwaith i'r *Hakka*. Hynny a wnaed, ac yn ôl yr hanes fferwyd gwaed yr ymwelwyr a Chymru a orfu. Arferai'r Alban wrthod ei chanu cyn y gemau rygbi yn Murrayfield. Un flwyddyn wedi canu'r *Queen* dechreuodd y Cymry'n y dorf ganu *Hen Wlad Fy Nhadau*. Ymunodd tîm Cymru yn y gân a safodd tîm Yr Alban yn stond tra cherddai'r band oddi ar y maes! Yr oedd y foment – a'r canu – yn wefreiddiol. Ni chofiaf y flwyddyn, ond ni anwybyddwyd anthem Cymru yn Murrayfield wedi hynny. Ar Fawrth 2, 1971, y chwaraewyd hi gyntaf ym Mharis cyn gêm rygbi rhwng Ffrainc a Chymru. Cofiaf y sylwebydd disglair Alun Williams yn disgrifio fel y bu iddo hymian yr alaw ar y ffôn i arweinydd y band noson cyn y gêm. Ni fu'n gwbl llwyddiannus gan i'r band ei chwarae'n llawer cyflymach nag arfer, ond daeth gwell trefn wedi hynny. Ym 1976 yn Twickenham, cafwyd un arall o'r munudau bythgofiadwy hynny yn hanes yr anthem. Canwyd y *Queen* ac yn ôl y canolwr tanbaid Ray Gravell yr oedd tîm Cymru'n dal i ddisgwyl y band i daro *Hen Wlad Fy Nhadau*. Ond ddaeth dim byd. Galwodd Ray ar y capten Mervyn Davies, "Hei Merv, rhaid ni gael *Hen Wlad Fy Nhadau.*" Galwodd Mervyn y bechgyn ynghyd a dechreuodd y tîm ganu'r anthem. Ymunodd y dorf gydag arddeliad iasol ac ysbrydolwyd y Cymry i un arall o fuddugoliaethau mawr y 70au. Ym 1977 caniataodd deinasoriaid Cymdeithas Pêl-droed Lloegr ganu *Hen Wlad Fy Nhadau* cyn gêm rhwng Lloegr a Chymru yn Wembley – **cyn** i'r chwaraewyr ddod i'r maes! Os oedd y werin wedi anwesu'r gân a'i derbyn fel eu hanthem genedlaethol mewn byr o dro, ni chafodd ei derbyn yn rhyngwladol tan yn gymharol ddiweddar. Coffa da am un arall o gyfraniadau'r diweddar Alun Williams pan enillodd saethwr o Gymro, Arglwydd Abertawe, Fedal Aur yng Ngemau'r Gymanwlad 1966 yn Jamaica. Yn seremoni cyflwyno'r medalau dechreuodd y band chwarae *Land of Hope and Glory*. Yr oedd Alun ar y pryd yn sylwebu i'r radio. Gadawodd ei feicroffon a rhuthro ar draws y cae ac atal y seremoni. Ac yntau ar ei ffordd yn ôl i'r man sylwebu, dechreuodd y band eto – gyda *God Save the Queen*. Rhedodd Alun yn ôl ac atal y seremoni am yr eilwaith. Ar y trydydd cynnig y cafwyd *Hen Wlad Fy Nhadau*. Un o feibion y mans oedd Alun Williams a threuliodd gyfnod o'i arddegau ym Mhontypridd.

Yr oedd y bardd/wehydd a'r telynor/dafarnwr o

Ysgol Gymraeg Evan James

Bontypridd wedi taro'r nodyn cywir. Cyfansoddwyd anthem, ar ddamwain megis, gan y ddau. Anthem ddiymhongar i genedl ddiymhongar; anthem werinol i genedl werinol. Anthem y cyfrannodd y genedl gyfan yn ogystal â'r cyfansoddwyr rywfaint i'r gwaith gorffenedig. Anthem swynol, urddasol, ei nodau a'i geiriau'n llifo'n donnau fel y mynyddoedd a'r afonydd a'r môr sy'n *fur i'r bur hoff bau*. Anthem heb drahâ na sarhad at eraill. Anthem ymarferol, y gall pobun ei chanu'n gyffyrddus – y cyfan o fewn cwmpas naw nodyn.

Aeth enwau Ieuan ab Iago a Iago ab Ieuan yn angof onibai am un gân. Haeddant well. Yr oedd Ieuan yn ŵr hoffus, encilgar a diwylliedig ac yn well bardd na llawer o'i gyfoedion a gyhoeddodd gyfrolau o gerddi. Er cyfansoddi rhai cannoedd o englynion a nifer fawr o gerddi i'w hadrodd neu ganu yng nghyfarfodydd yr Iforiaid ac Eisteddfodau Morgannwg a Gwent prin ddwsin ohonynt a welodd olau dydd mewn na chyfrol na chylchgrawn. Cynhwysir detholiad o'u plith yn y gyfrol hon.

Mae Iago ab Ieuan, hefyd, yn haeddu gwell. Yr oedd yn gasglwr alawon gwerin a nes i'r Dr Meredydd Evans dynnu'n sylw at y ffaith ychydig flynyddoedd yn ôl, ni wyddai neb am ei gyfraniad gwerthfawr yn y maes hwnnw.

Perthynai'r ddau i deulu mawr, diwylliedig, yn feirdd a thelynorion.

Pan ddeuthum i gyntaf i Bontypridd ym 1959 yr oedd llai na deugain o blant yn mynd i Ysgol Gynradd Gymraeg Pontsionnorton, unig ysgol Gymraeg y dref. Bellach y mae traean o blant y dref, o bedair hyd un-ar-bymtheg oed yn cael eu haddysg drwy gyfrwng y Gymraeg. Ac yn Stryd y Felin, y Mill Street lle'r oedd ffatri Ieuan a Iago, saif Ysgol Gynradd Gymraeg Evan James. Hawdd y gellid bod wedi ei henwi ar ôl y disgybl enwocaf a grwydrodd goridorau'r adeilad yn y cyfnod pan oedd hi'n ysgol uwchradd – Syr Geraint Evans. Ond enw Ieuan, yn haeddiannol, a anrhydeddwyd. *O bydded i'r heniaith barhau.*

Cyfansoddi'r anthem

Mae dau fersiwn sylfaenol i hanes cyfansoddi *Hen Wlad Fy Nhadau*. Y symlaf, a gadarnhawyd mewn llythyr gan y telynor Taliesin James, mab Iago ab Ieuan (James James), cyfansoddwr y dôn, ac ŵyr awdur y geiriau Ieuan ab Iago (Evan James), yw fod Iago wedi mynd am dro hyd lan Afon Rhondda ar brynhawn Sul, Ionawr 6ed, 1856 ac i'r dôn ddod i'w ben. Yr oedd Iago, yn ôl â ddywedodd Taliesin James wrth ohebydd papur newydd ar achlysur arall, yn gwella o dwymyn y gwynegon. Dychwelodd i dŷ a gweithdy ei dad y gwehydd, ychydig ddrysau i lawr y ffordd o'i gartref ef ei hun yn Mill Street, Pontypridd, a chyhoeddi:

"'Nhad, rwy'i wedi cyfansoddi alaw, sydd – goelia i – yn addas ar gyfer cân wladgarol Gymraeg. Wnewch chi lunio geiriau iddi?"

"Dere i fi gael ei chlywed hi," atebodd y gwehydd. Canodd y mab yr alaw a meddai Ieuan wrtho: "Cer i 'nôl dy delyn." Aeth Iago i 'nôl ei delyn ac wedi dychwelyd i'r gweithdy canodd yr alaw arni. Yr oedd y tad wedi ei swyno gan y dôn a chymerodd y llechen oedd ganddo wrth law bob amser yn ei weithdy – cadwai lechen a darn o sialc yn gyfleus, oherwydd ni ŵyr bardd pryd y daw'r awen heibio.

Yn ôl y llythyr, dyddiedig Rhagfyr 4, 1910 (gweler Atodiad 1), a sgrifennodd Taliesin James at ŵr o'r enw John Crockett o Bontypridd, yr oedd geiriau'r pennill cyntaf wedi eu cwblhau o fewn munudau. Yr oedd yna John Crockett oedd yn delynor, oedd yn gyfaill i Iago ab Ieuan, yn wir dywedir mai ef oedd athro telyn Iago ac athro cyntaf Taliesin wedi hynny. Ni wn i sicrwydd ai ef oedd y telynor, ond yr oedd gŵr o'r enw John Crockett, a ddisgrifir fel perchen glofa, gemydd a gwneuthurwr dodrefn yn byw yn rhif 1, Taff Street. Mae cloc a luniodd yn Amgueddfa Tref Pontypridd. Roedd ganddo fab o'r un enw ac yr oedd y John Crockett hwnnw, hefyd, yn wneuthurwr clociau. Cawn ddyfalu mai John Crockett y mab oedd derbynnydd llythyr Taliesin James.

Pan ddychwelodd gwraig Ieuan – a mam Iago – o Gapel y Bedyddwyr Carmel, yr oedd y mab yn canu'r geiriau i'w gyfeiliant ei hun ar y delyn. Yr oedd Mrs Elizabeth James yn gapelwraig selog a rhoddodd gerydd chwyrn i'r ddau am greu'r fath rialtwch ar y Sul. Yn ôl Taliesin James sgrifennwyd yr ail a thrydydd pennill yr anthem trannoeth.

Tebyg yw'r stori a geir mewn erthygl fer gan Daniel Owen, Llwyn Onn, ger Y Bont-faen, a ymddangosodd yn *Cymru Fu*, rhifyn Tachwedd 1889. Yn ôl Mr Huw Walters yn *Cynnwrf Canrif* bu Daniel Owen (1829-1896) yn weithiwr yn ffatri'r Jamesiaid. Ymfudodd i Awstralia lle gwnaeth ei ffortiwn cyn dychwelyd i Gymru a dod yn ŵr o bwys a dylanwad yng Nghaerdydd a Bro Morgannwg. Yn y gyfrol ar Iolo Morganwg, *A Rattleskull Genius*, mae Mr Walters yn ei ddisgrifio fel perchennog y *Western Mail*. Mae'r hanes yn sylfaenol yr un fath ond gydag ambell fanylyn lliwgar sy'n ychwanegu at yr hanes.

"Yr oeddwn yn adnabod yn dda awdur y geiriau a chyfansoddwr cerddoriaeth ein Cân Genedlaethol wych, *Hen Wlad Fy Nhadau*, sef y diweddar Mr Evan James o Mill Street, Pontypridd, a'i fab, Mr James James. Ganwyd y syniad am y gân 33 o flynyddoedd yn ôl a fel hyn y bu:

"Un nos Sul cerddodd Mr James James yn hamddenol allan o dŷ ei dad i fyny Mill Street ac ar hyd lannau Afon Rhondda gan fwmian a chwibanu wrtho'i hun yr alaw a gyfansoddai'n ei ben tra y cerddai. Wedi dychwelyd i'w gartref dywedodd wrth ei dad, 'Yr wyf wedi cyfansoddi ychydig gerddoriaeth a buaswn yn falch petaech yn llunio rhai penillion iddi.' Cyn rhoi nodyn o'r gerddoriaeth ar bapur canodd yr alaw i'w dad. 'Machgen i,' meddai'r tad, 'cer i 'nôl peint o gwrw i mi o'r Colliers Arms, ac fe'i gwnaf.' Yr oedd bob amser yn arfer gan y bardd ardderchog Mr Evan James, er yn ŵr cymhedrol, gymryd gwydraid o gwrw cyn cychwyn sgrifennu unrhyw bennill. Cyfansoddwyd y geiriau a'r gerddoriaeth y noson honno."

Ond y mae fersiwn mwy diddorol, a rhamantus, i stori cyfansoddi ein hanthem. Mae llyfryn o waith y cenedlaetholwr a'r bardd Harri Webb, yn crybwyll traddodiad bod brawd Ieuan, oedd wedi ymfudo i'r Unol Daleithau ac yn dod yn ei flaen yn dda yn y wlad honno, wedi sgrifennu ato yn canmol ei fyd ac yn ei annog i ddod trosodd i wlad y gobeithion mawr. Ceir goleuni pellach ar y traddodiad teuluol hwn mewn llythyr, dyddiedig Hydref 25ain, 1962, a anfonodd y Parch Gwilym Thomas, Penmaen-mawr, i Evan a Blodwen James, Bellingham, Washington. Mae'n amlwg wrth y llythyr bod y derbynnydd, yr Evan James yn Washington, yn llinach uniongyrchol Ieuan ab Iago, awdur geiriau *Hen Wlad Fy Nhadau*. Yn y llythyr mae'r Parch Gwilym Thomas, a aned ym 1870 ac a fu farw yn 95 oed ym 1965, yn egluro'i fod yn ŵyr i Mary, chwaer hŷn Ieuan ab Iago. Mae'n disgrifio'i famgu fel unig chwaer Ieuan ab Iago – nid yw hyn yn hollol gywir gan fod chwaer arall fu farw'n blentyn ym 1813. Ceir disgrifiad ohono'n ymweld â ffatri Ieuan ab Iago pan oedd tua pedair oed, rai blynyddoedd cyn marw'r hen fardd/wehydd. Yna deuwn at y rhan ddiddorol o'r llythyr:

You, no doubt, know that you are not the first of the James's to emigrate to the United States. Two of your grandfather's brothers went there more than 100 years ago, John and James (mae'n debyg bod tri wedi ymfudo, Daniel oedd enw'r llall). *They fought in the Civil War, one in the Army of the Northern States, the other in the Army of the Southern States.*[1]

One of the brothers made a valuable contribution towards the composing of **Hen Wlad Fy Nhadau**. *Mother told me that he wrote to your grandfather, and probably to the rest of the family praising the United States. He wrote of the New Country in glowing terms, of a country of great rivers, valleys and mountains and of great opportunities. He did not succeed. Your grandfather's reply was* **Mae hen wlad fy nhadau yn annwyl i mi** *&c.* I'r Dr David Williams, meddyg wedi ymddeol yn byw ym Margod y mae'r diolch am y copi hwn o'r llythyr. Brawd iddo, gyda llaw, oedd y gwyddonydd a chyn-Aelod Plaid Cymru o'r Cynulliad, y diweddar Athro Phil Williams, Coleg y Brifysgol, Aberystwyth. Maent hwythau, fel y Parch Gwilym Thomas yn llinach Mary James. Mae'r Dr David Williams yn awgrymu – fel y gwna'r llythyr – bod amryw aelodau o'r teulu wedi derbyn anogaeth i ymfudo i America. Yn ôl y diweddar feddyg a'r cenhadwr, Dr Emrys Thomas, mab y Parch Gwilym Thomas, daeth yr anogaeth i ymfudo ar ffurf cerdd a cheir awgrym y bu rhyw fath o gystadleuaeth ymysg y teulu i ymateb yn yr un modd:

[1] Y mae hwn yn gyfeiriad diddorol, os nad yn berthnasol i stori *Hen Wlad Fy Nhadau*. Yn ogystal â bod tri o frodyr Evan James wedi ymfudo i America, mae traddodiad teuluol mai un o ddisgynyddion y teulu oedd y Post-feistr Cyffredinol Thomas Lemuel James oedd ar blatfform yr orsaf yn Washington pan lofruddiwyd yr Arlywydd Garfield ym 1881. Ganwyd Thomas L. James ym 1831, a dywedir i'w dadcu a'i famgu ymfudo i America ym 1800. Os felly ni fedrai fod yn ddisgynnydd o linach un o frodyr Evan James. Ond gwelais yng nghartref Dr David Williams hen gopi o lyfr Eva Hope, *Lincoln and Garfeld*. Mae yn y llyfr amryw gyfeiriadau at Thomas James a phob un wedi eu tanlinellu mewn pensel – prawf go bendant bod y teulu'n ymwybodol o gysylltiad rhyngddo â'r Jamesiaid. Gwelais gyfeiriad at ryw James James, Postfeistr Hazelton, Lucern, Philadelphia, yn Llawysgrifau Ieuan ab Iago yn Llyfrgell Genedlaethol Cymru, er y gall mai ei frawd oedd hwnnw.

Some of the brothers of the Evan James who wrote **Hen Wlad Fy Nhadau** *emigrated to USA along with others from that part. Somebody, of those who settled in USA, wrote a poem singing the praises of their new homeland, sent it back to Bargod (probably to the pub). It stung the ones who had remained in Wales to write poems in praise of their homeland, and thus it came about that Evan James wrote* **Mae hen wlad fy nhadau yn annwyl i mi.**

Ni thybiaf fod y syniad o lythyr o America ar ffurf cerdd yn gor-ramantu. Fel y cawn weld maes o law, yr oedd hwn yn deulu diwylliedig, yn feirdd gwlad, cantorion a thelynorion – pobl y pethe. Y mae darnau anghyflawn o lythyr Cymraeg ymysg llawysgrifau Ieuan ab Iago yn y Llyfrgell Genedlaethol, dyddiedig Medi 10, 1843, oddi wrth y brodyr alltud – James, mae'n debyg. Mae'r llythyr ar ffurf dramodig, deialog rhwng Edward James – un o frodyr hŷn Ieuan – a Mary wrth lidiart yr hen gartref ym Mhontaberbargod. Yn y ddramodig mae'r ddau gymeriad yn cwyno na chlywsant air wrth y perthnasau yn America ers amser hir ac yn dyfalu a ddylent anfon llythyr arall gan na chawsant ateb i'r un diwethaf. Mae'n amlwg yn gerydd bach i'r teulu yng Nghymru. Mae hefyd, goelia i, yn ddarn bach ymwybodol o lenyddiaeth.

Dychmygwn, fel y gwnaeth Harri Webb, Ieuan yn pendroni am ddyddiau, ac yna ar y prynhawn Sul hwnnw yn Ionawr 1865, y mae'n cerdded hyd lan afon Rhondda. Naill ai yr oedd yn teimlo'r rheidrwydd i ddewis rhwng yr hen wlad a'r wlad newydd. Neu yr oedd yn ymateb i her y gerdd wrth y brawd yn America – yn canmol ehangder y wlad, ei hafonydd a phrydferthwch ei dyffrynnoedd ac ysblander ei mynyddoedd. Dychwelodd i'w weithdy a chydio yn y llechen a'r darn sialc a dechrau llunio ateb i'w frawd. Nid ar ffurf llythyr, ond ar gân. Cychwynnodd ei ateb:

Adeilad yr Ancient Druid Inn ar gyrrion pentref Llwyncelyn, ger Argoed fel ag y mae heddiw. Yma yr oedd ffatri wlân a thafarn Ieuan ab Iago cyn iddo symud i Bontypridd.

Mae hen wlad fy nhadau yn annwyl i mi ...

Â rhagddo i ddisgrifio a chanmol ei wlad a phan ddaw i'r cytgan mae'n cyhoeddi'n groyw ei benderfyniad. *Pleidiol wyf i'm gwlad*. Fel pe'n bwrw pleidlais dros yr hen wlad. Felly y ganwyd anthem genedlaethol Cymru – cân uniongyrchol ei neges, bendant a syml ei mynegiant. Geiriau i'w canu, nid unrhyw ymdrech at lunio barddoniaeth aruchel. Yr oedd Ieuan yn gynganeddwr medrus – os anwastad ei awen. Roedd hefyd yn hoff o lunio geiriau i'w canu ar alawon poblogaidd. Yr oedd yn fardd toreithiog, er mai prin iawn, iawn yw'r enghreifftiau o'i waith a gyhoeddwyd, hyd yn oed yng nghylchgronau'r cyfnod. Llifodd y geiriau mewn cariad ac amddiffyniad o'i wlad. Yn ôl fersiwn hwn o'r stori y mae Ieuan yn rhoi'r geiriau yn nwylo'i fab a mynd i'w wely, yn ôl arfer llawer o weithwyr cyffredin ar brynhawn Sul. Â Iago, yn ei dro hyd lan yr afon ac ymhen ysbaid daw'n ôl gan alw'n gynhyrfus ar ei dad. "'Nhad, dewch lawr yn union!" Daw Ieuan i lawr wedi hanner gwisgo. Mae wyneb y mab yn disgleirio gan gynnwrf. Mae'n canu'r geiriau i'r alaw a gyfansoddodd wrth gerdded glannau'r afon. Mae'r tad yn galw am y delyn ac wedi i James ei chyweirio mae'r ddau yn canu'r gân gyda'i gilydd gan gaboli a thacluso'r geiriau a'r alaw wrth fynd yn eu blaenau. Pan ddaw Mrs Elizabeth James adref o'r capel mae'r tŷ'n llawn miri a rhialtwch a chaiff y ddau gerydd llym ganddi am amharchu'r Sabath. Nid un i ddadlau â hi oedd Mrs James. Yn ôl tystiolaeth un o'r nifer fychan oedd yn bresennol ym 1973 pan symudwyd gweddillion Ieuan ac Elizabeth James o fynwent Carmel i Barc Ynysangharad yr oedd hi'n globen o ddynes dipyn mwy na'i gŵr. Am eiliad torrir ar yr hwyl, ond nid yn hir. Mae Iago'n atgoffa'i fam fod yr Arglwydd ei hun wedi caniatáu i Ddafydd, Brenin Israel, ganu ei delyn ar y Sabath. Tawelwyd y fam a pharhaodd y canu a'r telynora hyd berfeddion.

    Dywedir i'r ddau, fore trannoeth, fynd at ryw Mrs Davies oedd yn byw drws nesaf yn rhif 13, Mill Street, gan ddweud wrthi, "Rydyn ni wedi cyfansoddi'r gân yma, a wedi ei chanu i'r delyn, a wnewch chi ei chanu ar y piano i ni?" Fe wnaeth Mrs Davies ac, yn ôl yr hanes, dywedodd "Ardderchog, fe ddaw rhywbeth o hon!"

    Ni ellir profi'n bendant pa fersiwn sy'n gywir. Mae'n fwy arferol llunio geiriau yn gyntaf â'r alaw'n dilyn. Y geiriau sy'n arwain cyfeiriad ac awgrymu naws a chymeriad yr alaw. Tybed a oedd Taliesin James am ddyrchafu rhan ei dad yn y cyfansoddi? A oedd am achub y cam ddioddefodd oherwydd yr edliw a'r dadlau chwerw nad alaw wreiddiol oedd Glan Rhondda, ond addasiad o alaw werin Albanaidd? Caf drafod hynny maes o law. Beth bynnag, mynn Taliesin yn ei lythyr mai y stori a glywodd droeon gan ei dad oedd mae'r alaw ddaeth gyntaf a'r geiriau wedyn.

Cymhlethir y stori gan yr hyn a geir gan Gweirydd ap Rhys yn yr ail gyfrol o'i *Hanes y Brytaniaid a'r Cymry* (1874) lle mae'n canmol cyfraniad beirdd am gadw'r ysbryd cenedlaethol yn fyw *"yr hwn y methodd canrifoedd o lywodraethiad estronol ei ddiffodd na'i wanhau"*. Â rhagddo: *"Y mae'r tant a darawodd ei hen feirdd a'i brutwyr yn chwarau fyth ym mynwes eu holafiaid; ac er y cyssylltiad agosaf â'u gorchfygwyr, y maent etto yn siarad iaith eu gwlad, yn coleddu ei harferion, yn hoffus ymlynu wrth ei thir a'i daear; ac yn barod i ddiffuant ddywedyd bob amser, yng ngeiriau prydferth James o Bont y Pridd:–*

> *Mae hen wlad fy nhadau yn annwyl i mi;*
> *Gwlad beirdd a cherddorion, enwogion o fri:*
> *Ei gwrol ryfelwyr, gwladgarwyr tra mad,*
>   *Dros ryddid gollasant eu gwaed:*
> *Gwlad, gwlad! Pleidiol wyf i'm gwlad;*
> *Tra môr yn fur i'r bur hoff bau,*
> *O bydded i'r heniaith barhau!*

> *Os nad yw hen Gymru, fu unwaith mewn bri,*
>   *Yn awr yn mwynhau ei holl freintiau;*
> *Arafwch ychydig! dywedwch i mi,*
> *Pa wlad sydd dan haul heb ei beiau?*
>   *Fy ngwlad, O fy ngwlad!*
>   *Rhof iti fawrhâd,*
> *Dy enw sydd dra chyssegredig:*
>   *O! rhowch i mi fwth,*
>   *A thelyn neu grwth,*
> *Yn rhywle yng Nghymru fynyddig.*

Y mae geiriau'r ail bennill hwn yn cryfhau'r ddadl mai cerdd mewn ymateb i, ac yn gwrthod anogaeth, i fynd i

America yw *Hen Wlad Fy Nhadau*. A thybed a gafodd y mab ei bod yn haws cyfansoddi alaw i'r pennill cyntaf, a bod y tad wedyn wedi llunio dau bennill arall ar batrwm y cyntaf? Mae'n amlwg y bu rhywfaint o drafod ar yr ail bennill yma oherwydd yr oedd Oswald Edwards yn *A Gem of Welsh Melody* yn cyfeirio ato fel *"the lost verse"* a *"the missing ten lines"*. Mae Harri Webb, yr un modd, yn cyfeirio at the *"lost" ten lines"* ac yn eu gweld yn fwy agored wleidyddol na dim sydd yn nhri phennill *Hen Wlad Fy Nhadau*, er bod yn y llinellau hyn, ychwanega, fwy nag awgrym o ddygymod goddefol â'r "sefyllfa" ac o encilio diwylliannol. Aeth Harri ymhellach. Mae'n tybio mai y geiriau ddaeth gyntaf, yn ysbrydoli'r alaw sydd yn ei thro yn ysbrydoli mwy o eiriau. Fel y gwelir yn y bennod lle ceir detholiad o gerddi Ieuan, mae'r pennill "coll" wedi ei gynnwys mewn cerdd arall. Pa bryd y datblygodd yr ail bennill yn gerdd ar wahân wyddom ni ddim. Caiff y darllenydd gymharu teimladau *Hen Wlad Fy Nhadau* â'r hyn a fynegir yn y gân *O Rhowch i Mi Fwth* (tud 152).

Mae hanes yr hyn a ddigwyddodd wedyn yn gliriach. Enwodd y tad a'r mab y gân yn *Glan Rhondda*, am y rheswm amlwg mai ar lan yr afon honno y cyfansoddwyd hi. Cofiwn i'r emyn dôn enwocaf ohonynt i gyd, *Cwm Rhondda*, gael ei chyfansoddi bron union hanner canrif yn ddiweddarach gan John Hughes, clerc yng nglofa'r *Great Western* filltir i fyny'r un cwm ar lan yr un afon. Mae olwyn y pwll hwnnw, yr *Hetty* fel ei gelwir yn lleol, i'w gweld o hyd. Yn yr adeilad oddi tani mae'r peirant a arferai ei throi, sydd ymhell dros gant oed yn bod ac yn gweithio o hyd – diolch i ymdrechion rhai o aelodau Cymdeithas Hanes Pontypridd. Ysywaeth, nid erys unrhyw olion o Dŷ'r Ffatri, cartref y ddau a roes i Gymru ei hanthem. Diddorol cofio, hefyd, i W. T. Rees (Alaw Ddu) gyfansoddi tôn a enwodd yn *Glan Rhondda* ym 1863 – caf sôn mwy amdano yng nghyswllt englyn iddo yn y detholiad o gerddi Ieuan ab Iago.

Cân boblogaidd

Credir i *Glan Rhondda* – neu *Hen Wlad Fy Nhadau* – gael ei chanu'n gyhoeddus am y tro cyntaf, lai na mis wedi ei chyfansoddi, yn Ysgoldy Tabor, Capel y Methodistiaid Calfinaidd, Maesteg – adeilad sydd bellach yn glwb yfed – gan Elizabeth John, cantores ifanc 16 oed o Bontypridd. Yr un Elizabeth John a ddaeth wedyn yn wraig i John Davies (ap Myfyr), mab y rhyfeddol Evan Davies (Myfyr Morganwg), yr ap Myfyr a luniodd ymhen blynyddoedd yr hir-a-thoddaid a dorrwyd ar garreg fedd Ieuan ab Iago. Yn ôl tystiolaeth Mrs E. E. Parfitt, merch Elizabeth John, mewn llythyr o Ohio ym 1943, clyw-wyd ei mam yn canu'r gân gan gantores broffesiynol o'r enw Miss Miles, chwaer-yng-nghyfraith y telynor John Thomas (Pencerdd Gwalia) o Ben-y-bont ar Ogwr. Y John Thomas ddaeth yn athro yn yr Academi Gerdd Frenhinol yn Llundain, yn delynor y Frenhines Victoria – ac athro telyn Taliesin James.

Dywedodd Mrs Parfitt fod Miss Miles wedi gofyn i'w mam am gopi o'r gân. Aeth Elizabeth John yn ôl i Bontypridd ac aeth at Ieuan ab Iago a gofyn am gopi o'r alaw a'r geiriau ar gyfer Miss Miles. Cytunodd Ieuan ar yr amod y byddai Miss Miles yn canu'r gân yn ei chyngerdd nesaf. Yr oedd Iago yn briod â Cecilia Miles o fferm Gellifonaches, Pontypridd, ond mae'n annhebyg bod cysylltiad teuluol agos – os o gwbl – rhwng gwraig Iago â'r Miss Miles a fynnodd gopi o'r gân ym 1856. Ni cheir tystiolaeth i Miss Miles gadw'r addewid.

Mewn erthygl yn y *Western Mail* (Ebrill 4, 1884) mynnai y newyddiadurwr a'r derwydd Owen Morgan (Morien) mai ap Myfyr oedd y person cyntaf tu allan i'r teulu i ddysgu'r gân *Hen Wlad Fy Nhadau* ac mai ef a'i dysgodd i Elizabeth John

Sgets o hen Gapel Tabor, Maesteg, lle canwyd Hen Wlad Fy Nhadau yn gyhoeddus am y tro cyntaf gan Elizabeth John, 16 oed, o Bontypridd

ddyddiau wedi iddi gael ei chyfansoddi. Ychwanegodd iddi gael ei chanu'n fuan, hefyd, gan Iago ab Ieuan mewn Eisteddfod yn nhafarn Castell Ifor, Trehopcyn:

It appears that the new hymn of Wales became immediately an object of much interest to the local vocalists. These, like the young composer himself, were comparatively self-taught in the divine art. They had been fascinated by those marvellous voices of past ages which the melodies of Wales had preserved on the tongues of a gifted peasantry among the rugged hills of their native land. These visited 'James's factory' nightly to learn the 'new tune'. It seems that the first man outside the young composer's family to learn the words and tune was 'ap Myfyr', the eldest son of the Archdruid. On those occasions young James invariably accompanied the voices with the harp. Soon afterwards an Eisteddfod was held at Ivor's Castle, Hopkinstown, a suburb of Pontypridd, and it was decided to introduce the song to the assembled bards and minstrels at that Eisteddfod. This was done by the composer himself with harp and voice ... On the morrow, after the Eisteddfod at Castell Ivor, the *children of Pontypridd were singing the new melody about the streets, and from that day to this it has been spreading from land to land, and it is heard wherever Welshmen congregate.*

Tebyg oedd tystiolaeth Taliesin James yn ei lythyr. O fewn dim, meddai, daeth y gân mor enwog fel y clyw-wyd plant yn ei chanu a'i chwibanu hyd strydoedd Pontypridd. Fe'i canwyd yn Eisteddfod y Maen Chwŷf, Pontypridd, gan Iago ab Ieuan ei hun ym 1857 – ar y Maen Chwŷf ei hun yn ôl Thomas Taliesin Leyshon, un arall o ddisgynyddion teulu'r Jamesiaid. (Yr oedd Ieuan ab Iago yn feirniad llên yn yr un Eisteddfod.) Argraffwyd copïau o'r geiriau – ond nid y gerddoriaeth – gan Francis Evans, Pontypridd, a'u gwerthu yn null baledi ffair 'slawer dydd mewn taflen bedair tudalen, ynghyd â chyfieithad Saesneg ohoni gan Eben Fardd. Ni argraffwyd dyddiad ar y daflen – er i rywun sgrifennu'r dyddiad 1858 ar y copi sydd yn Llyfrgell Pontypridd. Caf sôn eto am gysylltiad Eben â Gorsedd Morgannwg a beirdd a

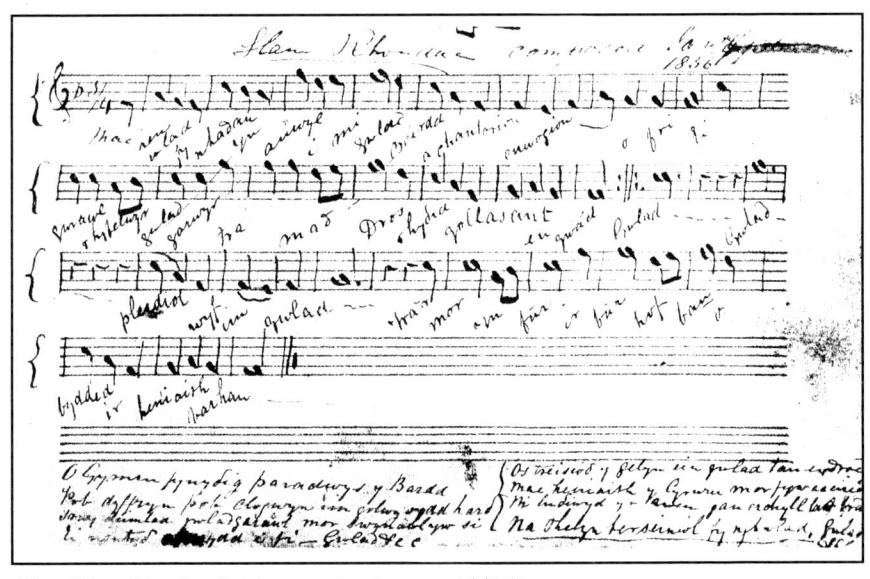

Glan Rhondda. Ond ai hon yw'r alaw wreiddiol?

llenorion lliwgar Pontypridd – cysylltiad sy'n awgrymu y gall y dyddiad 1858 fod yn gywir. Er i amryw ar ôl Eben Fardd geisio cyfieithu *Hen Wlad Fy Nhadau* i'r Saesneg ni chafwyd dim gyda digon o ysbrydoliaeth i gydio'n nychymyg y genedl. Mae'n ddadlennol mai yn y Llydaweg a'r Gernyweg, chwaer ieithoedd y Gymraeg, y cafwyd yr unig gyfieithiadau llwyddiannus a phoblogaidd.

Cynigiwyd gwobr yn Eisteddfod Fawr Llangollen 1858 – un o'r Eisteddfodau mwyaf lliwgar a rhyfeddol yn hanes Cymru – am y casgliad mwyaf o alawon Cymreig heb ei cyhoeddi. Yr oedd cyfaill i Iago, Thomas Dafydd Llewelyn (Llewelyn Alaw) o Aberdâr, wedi penderfynu cynnig am y wobr a chyda hynny mewn golwg galwodd ar Iago a gofyn iddo a wyddai am unrhyw alawon Cymreig heb ei cyhoeddi. Yn ôl Taliesin James, atebodd na wyddai am un, ond bod un o'i ganeuon ef ei hun, a enwodd yn *Glan Rhondda*, wedi dod yn boblogaidd iawn. Yn ei lythyr dywed Taliesin bod Iago wedi canu'r gân ac i Llewelyn Alaw ei chofnodi tra'n eistedd ar stôl deirgoes. Hoffodd Llewelyn y gân a chynhwysodd hi yn ei gasgliad, y casgliad ddyfarnwyd yn fuddugol maes o law.

Brodor o Lwydcoed, Aberdâr, oedd Llewelyn Alaw (1828 – 1879). Dysgodd ganu'r delyn yn ifanc a dywedir ei fod yn delynor medrus cyn bod yn wyth oed. Yn un-ar-ddeg oed aeth gyda'i dad i weithio dan ddaear yn un o lofeydd Aberdâr. Gadawodd y lofa ym 1851 i fyw – yn gysurus – ar gerddoriaeth, barddoni a llenydda. Bu'n delynor teulu Henry Austin Bruce, Dyffryn – Arglwydd Aberdâr – gŵr a ymddiddorai ddigon yn y diwylliant Cymreig i gyfieithu i'r Saesneg *Ymson y Bardd a'r Gog* y bardd a'r hynafieithydd o Lanystumdwy, Owen Gruffydd. Bu Llewelyn, hefyd, yn delynor Aberpergwm, Cwm Nedd, cartref Maria Jane Williams (1795 – 1873) a gofir am ei chasgliad *Ancient National*

Airs of Gwent and Morgannwg, a enillodd wobr Arglwyddes Llanofer yn Eisteddfod y Fenni 1837 ac a gyhoeddwyd ym 1844. Yr oedd Llewelyn Alaw, felly, yn llinach traddodiad parchus, ac os na fedrai fel casglwr ddal cannwyll i Maria Jane Williams, gwnaeth gyfraniad pwysig yn rhoi i Gymru anthem genedlaethol deilwng. Rhoes yr Eisteddfod sawl ysgogiad pwysig i'r gwaith gwerthfawr o gasglu alawon a chaneuon gwerin a bu ei chyfraniad – os weithiau'n ddiarwybod – yn gwneud anthem genedlaethol o *Hen Wlad Fy Nhadau* yn hollbwysig.

Mae llythyr Taliesin James yn awgrymu bod ei dad, Iago ab Ieuan, wedi dweud wrth Llewelyn Alaw mai ei waith gwreiddiol ef ei hun oedd *Glan Rhondda* – nid bod hynny o bwys oherwydd cystadleuaeth yn gofyn am gasgliad o alawon Cymreig heb eu cyhoeddi oedd hon. Nid oedd dim i ddweud bod yn rhaid i'r alawon fod yn **draddodiadol**. Fel y dengys sgôr *Glan Rhondda* fel y ceir hi yng nghasgliad Llewelyn Alaw ac yn llyfr tonau Iago ab Ieuan sydd yn y Llyfrgell Genedlaethol, llinell yr alaw yn unig a geir. Ni wnaeth y naill na'r llall ymdrech i'w chynganeddu. Tebyg y byddai'r telynor Iago ab Ieuan yn harmoneiddio'r alaw wrth fynd rhagddo, gan gyfeilio i'r glust. Nid oes fawr o wahaniaeth yn y nodau i'r alaw fel y'i ceir yn *Llyfr Tonau Iago ab Ieuan* (Llyfr Tonau Iago ab Ieuan, Ll.G.C.), y fersiwn yng nghasgliad Llewelyn Alaw (Ll.G.C. 331) a'r hyn a genir gennym heddiw. Mae'r Dr Merdydd Evans a Phyllis Kinney, gyda llaw, o'r farn bod dau fersiwn o'r alaw yng nghasgliad Llewelyn Alaw, *Glan Rhondda* (Ll.G.C. 331) a *Glan y Rhondda* (Ll.G.C. 129B). Yn ôl a ddeallaf ni lwyddwyd i gadw casgliad Llewelyn gyda'i gilydd dros gyfnod gychwynnodd ymhell cyn bod gan Gymru Lyfrgell Genedlaethol. Ni cheir ond alawon yn y casgliad a oroesodd, er i ferch Llewelyn Alaw fynnu flynyddoedd wedyn iddo gynnwys y geiriau yn ei gasgliad. Beth bynnag, os nad oedd y geiriau yno sut y medrodd Owain Alaw (gweler isod) eu cyhoeddi ym 1860? Awgrymodd Harri Webb yn ei lyfryn *Our National Anthem* bod Llewelyn Alaw wedi trefnu'r alaw ar gyfer telyn neu biano. Mae casgliad Llewelyn Alaw (Ll.G.C. 331 ac, os mynnir, Ll.G.C. 129B) yn brawf nad yw hynny'n gywir. Awgrymodd Harri Webb ymhellach fod mân newidiadau *"introduced by Owain Alaw change the tune to make it less the setting of a subjective lyric than a more objective, more public declaration."* Mymryn o ormodiaeth, ddwedwn i. Ond, os oedd Llewelyn wedi cofnodi'r alaw'n frysiog ar sail gwrandawiad neu ddau ohoni'n cael ei chanu gan Iago – fel yr awgryma Taliesin – a fu iddo oherwydd ansicrwydd yn ei feddwl ei hun wrth ailddarllen ei nodiadau gynnwys dau fersiwn, tra gwahanol i'w gilydd, yn ei gasgliad? Os felly, ymddengys bod cyfraniad Llewelyn Alaw i ddatblygiad *Hen Wlad Fy Nhadau* i'r hyn ydyw heddiw yn un sylweddol a phwysig.

    Beirniad y gystadleuaeth yn Eisteddfod Llangollen, 1858, oedd un o gerddorion amlycaf ei ddydd, John Owen (Owain Alaw 1821 – 1883), organydd a chôrfeistr Eglwys Gymraeg y Santes Fair, Caer. Yr oedd yn gyfansoddwr, yn gerddor diwyd a dawnus â galw mawr am ei wasanaeth yng Nghymru a thu hwnt fel cyfeilydd, beirniad eisteddfodol a datgeinydd. Dywedir ei fod yn fariton rhagorol.

    Wrth ddyfarnu'r wobr – £10 a medal – i Llewelyn Alaw yr oedd yn amlwg bod Owain Alaw wedi ei swyno gan un gân arbennig yn y casgliad – *Glan Rhondda*. Fel y nodais eisoes, y mae'n ddigon posib bod dau fersiwn o *Glan Rhondda* yng nghasgliad Llewelyn Alaw, ond gadawn lonydd i fersiwn Ll.G.C. 129B am y tro. Yn y gytgan y ceir y gwahaniaeth mwyaf rhwng fersiynau Iago ab Ieuan, Llewelyn Alaw a'r hyn

a genir gennym heddiw. Mae nifer y bariau yn
> *Gwlad, gwlad,*
> *Pleidiol wyf i'm gwlad*

wedi ei byrhau o wyth i bump. Collir bar gwag ar ôl pob *Gwlad* – a roddai gyfle, hwyrach, i'r telynor Iago ab Ieuan ddisgleirio gyda *glissando* neu *arpeggio*. A chywasgir y "... *gwlad; Tra*" i un bar. Rhaid mai Owain Alaw, a gyhoeddodd *Glan Rhondda* dan yr enw *Hen Wlad Fy Nhadau* mewn cyfrol â'c theitl *Gems of Welsh Melodies*, oedd yn gyfrifol am y newidiadau hyn. Ef, hefyd, oedd y cyntaf i'w threfnu a'i chynganeddu ar gyfer pedwar llais, a'i gosod yn y cywair is o E fflat yn hytrach nag yn yr F y cyfansoddwyd hi'n wreiddiol gan Iago.

Ffaith aeth bellach bron yn angof, yw nad Llewelyn Alaw oedd yr unig gystadleuydd i gynnig am y wobr am gasgliad o alawon yn Eisteddfod Llangollen 1858. Yr oedd dau arall – Caradog gydag wyth o alawon ac Orpheus gydag 80. Enillwr Os Cyll (sef ffug-enw Llewelyn Alaw) gyda 125 o alawon oedd yn fuddugol. Orpheus ddyfarnwyd yn ail orau a chafodd £5 ar argymhelliad arbennig y beirniad ac anogaeth y dylid diogelu'r ddau gasgliad gorau. Er hynny, ni fu'r ffaith iddo gael gwobr yn ddigon i ddatgelu pwy oedd Orpheus. Yr oedd *Glan Rhondda* yn nghasgliad Orpheus, hefyd, sy'n awgrymu bod y gân wedi ennill ei phlwyf. Hynny, neu mai Iago ab Ieuan ei hun oedd Orpheus! Cynigiwyd y ddamcaniaeth ysgytwol hon gan neb llai na'r Dr Meredydd Evans a'i briod Phyllis Kinney, arbenigwyr rhyngwladol ar ganu gwerin. Mae'r ddamcaniaeth yn seiliedig yn bennaf ar gymhariaeth ofalus a gwyddonol o lawysgrifen – ond gan gynnwys ystyriaethau eraill – ac fe'i datgelwyd gan y Dr Evans mewn erthygl dan y teitl *Pwy oedd 'Orpheus' Eisteddfod Llangollen 1858?* a gyhoeddwyd yn *Hanes Cerddoriaeth Cymru*,

Cyfrol 5 (2002). Yn wyneb y ffaith i Orpheus gael ail wobr pa fodd y cadwyd y gyfrinach mai Iago oedd Orpheus? A fu i'w gyfaill o Bontypridd, Evan Davies (Myfyr Morganwg) gasglu'r wobr ar ei ran? Cymerodd Myfyr, ynghyd â Doctor William Price, ran flaenllaw yn seremoni agoriadol liwgar yr Eisteddfod.

Rhaid bod Owain Alaw wedi tybio mai alaw draddodiadol oedd *Glan Rhondda*. Ym 1860 cychwynnodd gyhoeddi cyfres mewn pedair cyfrol, mewn cydweithrediad â'r cyhoeddwr ac argraffydd Isaac Clarke, Rhuthun, o alawon Cymreig dan y teitl *Gems of Welsh Melodies*. Ymhlith y caneuon yn y casgliad oedd cân â'r teitl *Hen Wlad Fy Nhadau* – sef y *Glan Rhondda* o gasgliad Llewelyn Alaw, yn awr wedi ei threfnu a'i chynganeddu. Yn ôl Taliesin James ymddangosodd *Hen Wlad Fy Nhadau* yn y drydedd gyfrol. Yn ôl Lili Richards, cyn-bennaeth Adran Gerdd Ysgol Gyfun Gymraeg Rhydfelen (llawysgrif yn Llyfrgell Pontypridd), yr ail gyfrol yn y gyfres oedd hi a dywed bod ar y tudalen y geiriau a ganlyn: *Composed in January 1856 by Mr James James, Colliers Arms, Mountain Ash; Words by Mr Evan James, Pontypridd. English words with Symphonies, Accompaniment and Chorus by Owain Alaw.* Mae'n amlwg nad cyfeirio at yr argraffiad gwreiddiol oedd Lili Richards, onide ni fuasai gan

Yr argraffiad cyflawn o holl ganeuon y Gems

Ieuan na Iago achos i gwyno wrth Owain Alaw am beidio rhoi cydnabyddiaeth iddynt (gweler tystiolaeth Taliesin James, isod ac Atodiad 1). Mynnai eraill – yn eu plith Oswald Edwards – ei bod yn y gyntaf, a dyna'n amlwg sy'n gywir. Yn ôl Mr Edwards, cyhoeddwyd y rhifyn cyntaf yn Awst 1860, yr ail ym 1861, y trydydd ym 1862 a'r olaf ym 1864. Ar un pwynt y mae pawb yn gytûn, sef mai y rhifyn a gynhwysai gân y tad a'r mab o Bontypridd werthodd orau o ddigon. Ond fel y dywed Oswald Edwards, yr oedd y rhifyn cyntaf yn cynnwys alawon poblogaidd eraill fel *Gwŷr Harlech*, *Toriad y Dydd* a *Llwyn Onn*. Yn wir, y seithfed gân yn y gyfrol oedd *Hen Wlad Fy Nhadau* – felly mae'n amlwg, er iddo ddotio ati a'i chanu'n rheolaidd yn ei gyngherddau ei hun, na sylweddolodd Owain Alaw fod cân mor "fawr" ganddo yn ei ddwylo. Hynny, neu ni feddai'r hyder yn ei reddf ei hun i'w gosod yn rhy amlwg yn y gyfrol.

    Argraffydd a chyd-gyhoeddwr *Gems of Welsh Melodies* oedd Isaac Clarke, 6 Well Street, Rhuthin. Ceir pennod ddiddorol a gwerthfawr o hanes y gŵr anghofiedig hwn gan Oswald Edwards yn *A Gem of Welsh Melody*. Heblaw bod yn argraffydd o allu a gweledigaeth arbennig – argraffodd *Ceinion Alun* (gwaith y bardd a'r offeiriad John Blackwell), pregethau, llyfrau hanes, cyfrolau o ganeuon poblogaidd – ef oedd awdur geiriau'r emyn
    Cyduned nef a llawr
    I foli'n Harglwydd mawr
    Mewn hyfryd hoen.
    Haedda'i le yn hanes ein hanthem gan mai ef oedd y cyntaf i argraffu *Hen Wlad Fy Nhadau*, ond fel y cwynodd Oswald Edwards aeth ei enw'n angof llwyr. Cychwynnodd Lewis Jones (Rhuddenfab) ac Isaac Foulkes (Llyfrbryf) eu gyrfaoedd fel prentisiaid iddo – aeth Llyfrbryf rhagddo i

sefydlu *Y Cymro* (*Cymro* Lerpwl, nid y papur a gysylltir â Chroesoswallt, Yr Wyddgrug a bellach â Phorthmadog ac Aberystwyth).

Cyhoeddwyd y tair cyfres gyntaf o *Gems of Welsh Melody* yn un gyfrol gyflawn ym 1862 a chyhoeddwyd argraffiad diweddarach o'r pedair cyfres ar y cyd gan Hughes a'i Fab, Wrecsam, a Simpkins & Marshall, Llundain, er – yn ôl Oswald Edwards – bod posib prynu'r cyfresi ar wahân o hyd. Collodd Clarke arian ar y fenter gyntaf, aeth yn fethdalwr a bu farw'n ddyn tlawd. Yr oedd y cyfrolau cyntaf wedi eu prisio'n rhy isel, yn ôl Mr Edwards.

Ceir yn y *Gems* ddau gyfieithad Saesneg o *Hen Wlad Fy Nhadau*, un gan Owain Alaw ei hun a'r llall gan Eben Fardd – sef yr un a geir ar y daflen a gyhoeddwyd gan Francis Evans, Pontypridd. Mae hyn yn awgrymu bod cyfieithad Eben Fardd – yr oedd yn marw ym 1863 – o leiaf yn hŷn na 1860 a hwyrach yn dyddio o'r 1858 a sgrifennodd rhywun ar y copi yn Llyfrgell Pontypridd. Awdl Eben Fardd, *Brwydr Maes Bosworth*, gyda llaw, oedd yn fuddugol yn Eisteddfod Llangollen 1858. A dynnwyd ei sylw at gân y tad a'r mab o Bontypridd yn ystod yr Eisteddfod honno? Yr oedd Eben ar delerau cyfeillgar â beirdd lliwgar Pontypridd a Morgannwg, a fel y nodwyd eisoes bu gan Myfyr Morganwg ran amlwg yn seremoni agoriadol Eisteddfod Llangollen. Gwnaeth Eben gais arbennig i gael ei urddo'n Fardd *in absentia* gan Myfyr yng Ngorsedd y Maen Chwŷf, 1854. A chael cerydd cyhoeddus am ei ffolineb gan John Jones (Talhaiarn) o lwyfan Eisteddfod Treforus yn fuan wedi hynny! Er ei urddo gan Ieuan Glan Geirionydd yn Lerpwl 1840 ystyriai Eben nad oedd *"unrhyw orsedd arall yn awdurdodol a rheolaidd i roddi y cyfryw urdd"*. Gwyddys, hefyd, iddo fod yn feirniad mewn Eisteddfod ym Merthyr ym 1850.

Hawdd deall na fyddai'r enw *Glan Rhondda*'n golygu dim i Owain; ni wyddai ddim o hanes y gân nac ymhle nac ym mha fodd y cyfansoddwyd hi. Rhoddodd yr argraff mai hen gân a achubwyd o ddifancoll gan Lewelyn Alaw ydoedd.

"*Cwynodd fy nhad a'm tadcu am hyn ac ymddiheuriodd Owain Alaw iddynt,*" meddai Taliesin yn ei lythyr. Wedi hynny, yn ôl Taliesin James, ceisiodd Owain Alaw eu caniatâd i barhau i gyhoeddi'r gân, wedi ei hail enwi yn awr yn *Hen Wlad Fy Nhadau*. Rai blynyddoedd wedyn ceisiodd brynu hawlfraint y gân am werth £15 o gopïau o'i gân *Mae Robin yn swil*. "*Haerllugrwydd o'r mwyaf ac yntau wedi gwerthu cannoedd o gopïau o Gems Of Welsh Melodies* (am ei bod yn cynnwys *Hen Wlad Fy Nhadau*)," sgrifennodd Taliesin.

"*Galwodd Mr Hughes o Wrecsam, cyhoeddwr Gems Of Welsh Melodies, yn y ffatri ym Mhontypridd un tro a dywedodd wrth fy nhad fod y gyfrol hon wedi gwerthu'n well na'r ddwy flaenorol gyda'i gilydd.*

"*Cyflwynodd Mr Hughes gopïau o'r tair cyfrol i nhad a*

Bedd Caradog (Griffith Rhys Jones) y cerddor a'r arweinydd côr enwog o Aberdâr. Arweiniodd gôr a cherddorfa i ganu Hen Wlad Fy Nhadau yn yr Hen Dŷ Cwrdd, Aberdâr, ar Ddydd Calan, 1860 – y tro cyntaf i gôr pedwar llais ganu'r anthem. Mae'r bedd ym mynwent Aberdâr.

dyna'r cyfan gafodd erioed am y gân. Ni chafodd ddimau gan Owain Alaw a enillodd, yn ddiau, gannoedd o bunnau ar gorn cân fy nhad a'm tadcu, y gân a anrhydeddir yn awr gyda'r teitl Anthem Genedlaethol Cymru."

Yn eironig, yr oedd cystadleuaeth i gyfansoddi anthem genedlaethol i Gymru yn Eisteddfod Llangollen 1858 – cân ar batrwm *God Save The Queen* neu *La Marseillaise* yn ôl llythyr yr offeiriad a'r hynafieithydd John Williams (ab Ithel, 1811–1862) a ymddangosodd yn *Yr Herald Cymraeg* (Mai 13, 1858). Ni chynigiodd neb. Cynigiwyd gwobr am anthem mewn Eisteddfod yng Nghaerfyrddin yn yr un flwyddyn ac er cael enillydd, wyddom ni ddim beth ddaeth o'r gân. Beth bynnag, rhoddodd y gystadleuaeth am gasgliad o alawon anthem genedlaethol i ni.

Cafodd *Hen Wlad Fy Nhadau* ei chanu gyntaf yn y gogledd mewn eisteddfod ar Ddydd Nadolig 1859 yn Seion, Cefn Mawr, ger Wrecsam, fel deuawd gan Iolo Trefaldwyn a Seth Roberts o Frymbo a'i hail-ganu gan y gynulleidfa "ag effaith syfrdanol" yn ôl disgrifiad y gweinidog, Dr Abel Jones Parry, yn ei gyfrol *Hanner Canrif Llafur Gweinidogaethol*. Dywedodd y Parchedig Eric Jones wrthyf fod cofnod iddi gael ei chanu gan gôr ac i gyfeiliant cerddorfa yn Yr Hen Dŷ Cwrdd, Capel yr Undodiaid, Aberdâr, ar Ddydd Calan, 1860. Tebyg mai dyna'r tro cyntaf iddi gael ei chanu gan gôr ac wedi ei threfnu i bedwar llais. "Yr oedd cerddorfa linynnol yn Yr Hen Dŷ Cwrdd, fel ag oedd gan gapeli eraill yn Aberdâr bryd hynny, a roedd Llewelyn Alaw yn Undodwr ac yn aelod blaenllaw o'r capel," meddai Eric Jones. Caradog (Griffith Rhys Jones), arweinydd yr enwog Gôr Caradog, arweiniodd y canu gyda bwa ei grwth o res flaen y gerddorfa ar yr amgylchiad hwnnw. Undodwr oedd yntau, ac fel Llewelyn Alaw yn aelod yn Yr Hen Dŷ Cwrdd. Er iddo ymaelodi â sawl enwad – lle bynnag yr oedd côr neu leisiau da i'w cael! Yn ogystal ag ennill bri mawr fel arweinydd côr yr oedd Caradog yn grythor da. A phan godod dadl ynglŷn â gwreiddioldeb alaw *Hen Wlad Fy Nhadau* ym 1884 yr oedd Caradog ymhlith y rhai a lamodd i amddiffyn enw da Iago ab Ieuan.

Diddorol, o ystyried ei natur seciwlar, mor boblogaidd fu *Hen Wlad Fy Nhadau* o'r cychwyn – mewn capel a thafarn. Canai Owain Alaw hi'n gyson fel ei brif eitem mewn cyngherddau, hyd yn oed cyn iddo ei chyhoeddi yn y *Gems of Welsh Melody*. Yr oedd adroddiad o gyngerdd gan Owain Alaw yng Nghaernarfon yn *Yr Herald Cymraeg* (Mawrth 26, 1859) ac yn ôl y gohebydd ei ddatganiad o *Hen Wlad Fy Nhadau* oedd uchafbwynt y noson. Dywedodd D. G. Lloyd Hughes (*Y Faner*, Awst 3, 1984) i *Hen Wlad Fy Nhadau* gael ei chanu – gyda *God Save The Queen* – i gloi Eisteddfod yn Llannerch-y-medd fisoedd yn unig wedi'r cyngerdd yng Nghaernarfon. Fel y bu'r Eisteddfod yn fodd i'w dwyn i sylw yn y lle cyntaf, bu iddi le pwysig pellach yn poblogeiddio'r gân. Fe'i canwyd gan Owain Alaw a Llew Llwyfo yn Eisteddfod Y Rhyl 1863. Heblaw bod yn fardd, nofelydd a newyddiadurwr roedd Llew yn ganwr ysgubol. Ym 1865 fe'i canwyd yn Eisteddfod Aberystwyth gan Kate Wynne (chwaer y soprano enwog Edith Wynne o Dreffynnon) ac yn Eisteddfod Caer, 1866, eto gan Llew Llwyfo. Yn Eisteddfod Caer, yn ôl Dr John Davies (*Hanes Cymru*), "canwyd *Hen Wlad Fy Nhadau* â'r fath angerdd nes iddi gael ei mabwysiadu'n ebrwydd yn anthem genedlaethol". Cafodd ei chanu i gloi pob cyfarfod yn Eisteddfod Caer, ac fe'i canwyd ym mhob Eisteddfod Genedlaethol oddi ar hynny.

Cafodd sylw amlwg yn Eisteddfod Genedlaethol Bangor ym 1874 pan ganwyd hi gan Robert Rees (Eos Morlais, 1841 – 1892), adroddwr, canwr a cherddor dawnus o

Ddowlais. Yr un Eos, yn yr un flwyddyn, oedd unawdydd Côr Caradog pan gafodd ei ail lwyddiant yn y Palas Grisial ac a syfrdanodd y gynulleidfa gyda datganiad byr-fyfyr o *Annwyl yw Gwalia fy Ngwlad* pan gyhoeddwyd enw'r enillydd.

Dechreuodd Eos Morlais weithio mewn pwll glo yn naw oed, eto llwyddodd i'w addysgu ei hun a gyda chymorth ei ewythr. Erbyn 1870 yr oedd yn cael ei gydnabod fel "Tenor Cenedlaethol Cymru". Ymhlith y rhai a'i clywodd yn canu *Hen Wlad Fy Nhadau* ym Mangor oedd Edith Wynne, Llew Llwyfo, James Sauvage, Brinley Richards, Joseph Parry ac Owain Alaw. Yr oedd perfformio'r gân yn gyhoeddus gan ddatgeinydd o safle Eos Morlais yn hwb bellach tuag at ei phoblogeiddio. Disgrifiodd *Baner ac Amserau Cymru* y digwyddiad fel rhywbeth arbennig iawn a bod Eos Morlais "wedi cymryd yr Eisteddfod *by storm.*" Cafodd ei chydnabod fel Cân yr Eisteddfod yng Nghaernarfon ym 1880 ac fe'i canwyd yng ngweithgareddau'r Orsedd byth oddi ar hynny.

Eto, fel dangosodd D. G. Lloyd Hughes mewn erthygl yn *Y Faner* (Awst 3, 1984) nid oedd hi'n dderbyniol gan rai o wŷr mawr y genedl. Tueddai'r rheini, meddai Lloyd Hughes, "i orseddu'r iaith Saesneg a Phrydeingarwch ar draul y Gymraeg a Chymru. Croeso glastwraidd iawn a gai cân wladgarol a ddymunai'n angerddol 'i'r heniaith barhau' gan y bobl hynny."

Aeth rhagddo: "Y nod iddynt hwy oedd cael molawd i'r teulu brenhinol ar linellau God Save The Queen, er mwyn profi nad oedd y Cymry yn ail i neb yn eu teyrngawch i'r frenhiniaeth. Rhydd ymateb y werin achos i holi pa mor ddwfn mewn gwirionedd oedd y teyrngarwch hwnnw."

Gyda *Hen Wlad Fy Nhadau* yn ennill ei lle yng nghalon y genedl aeth yn ras wyllt i geisio cyfansoddi anthem genedlaethol ac i fwrw cân y ddau o Bontypridd oddi ar ei phedestl. Lluniodd Ceiriog ei eiriau *'I Wisgo Aur Goron'* i'w canu i'r alaw *Glan Medd-dod Mwyn* a chafodd gefnogaeth Ieuan Gwyllt (John Roberts, 1822-77), "tad" y Gymanfa Ganu. Yr oedd Ceiriog yn torri'i fol eisiau cyfansoddi geiriau fyddai'n anthem genedlaethol Cymru. Sgrifennodd eiriau Cymraeg *Anthem Tywysog Cymru* i'r alaw a gyfansoddodd Brinley Richards ym 1862. Ni chydiodd "y gân sycoffantig" honno 'chwaith – o leiaf, ddim ymysg y werin. Lluniodd Talhaiarn (John Jones) eiriau i *Glan Medd-dod Mwyn* ond nid oedd geiriau fel

Ein gwydrau gorlenwn, mwyn yfwn mewn hedd,
O gwrw a gwirod, gwin, neithdar a medd

wrth fodd Cymru oedd yn closio at y mudiad dirwest. Ceisiodd Talhaiarn lunio cân mwy dirwestol, ond yr oedd yn rhy hwyr. Yr oedd *Hen Wlad Fy Nhadau* wedi gwreiddio'n ddwfn yng nghalonnau'r Cymry. Yr oedd yr arweinwyr Eisteddfodol yn hyrwyddo Prydeindod a Seisnigwydd, meddai D. G. Lloyd Hughes, a law yn llaw â hwy oedd y Toriaid a'r Eglwyswyr a ddychrynwyd gan y radicaliaeth ac unrhyw sôn am hunan-lywodraeth. "… bron na ellid dal y bu cynllwyn i atal twf Hen Wlad Fy Nhadau drwy ei hanwybyddu," meddai Lloyd Hughes. Rhyfedd meddwl i ddau fardd mwyaf poblogaidd y bedwaredd-ganrif-ar-bymtheg – yn ôl Hywel Teifi Edwards – sef Ceiriog a Thalhaiarn ymdrechu mor galed i lunio geiriau i gân fyddai'n anthem genedlaethol. A methu.

Rhoddwyd hwb i achos *Hen Wlad Fy Nhadau* mewn modd rhyfedd ar Awst 12 yn Eisteddfod Fawr Llundain 1887 a gynhaliwyd yn Neuadd Albert, Llundain. Yn ôl Hywel Teifi Edwards yr oedd yn ddigwyddiad a "glensiodd" *Hen Wlad Fy Nhadau* fel anthem genedlaethol Cymru. Wedi llwyddo i esgusodi ei hun rhag gorfod ymweld â'r Eisteddfod nifer o weithiau, ni fedrai Albert Edward, Tywysog Cymru, mab y

Frenhines Victoria, osgoi hon. Yma eto, yr oedd y tenor o Ddowlais, Eos Morlais, yn flaenllaw yn y gweithgareddau. Arweiniodd ganu *God Bless The Prince of Wales* wrth i Albert gyrraedd. Yna, ar ddiwedd y cyfarfod, cododd Eos i ganu *Hen Wlad Fy Nhadau*. Cododd Albert a'i deulu a sefyll tra canwyd *Hen Wlad Fy Nhadau* – gydag arddeliad. Wyddom ni ddim pam y cododd – hwyrach am iddo dybio bod y cyfarfod ar ben a'i fod yn rhydd – o'r diwedd – i fynd adref. Neu iddo gredu mai canu cân grefyddol oedd yr Eos. Yr oedd yn arferiad bryd hynny i sefyll ar gyfer yr *Hallelujah Chorus*. Beth bynnag, fe safodd a 'doedd dim troi'n ôl wedyn. Yr oedd y frenhiniaeth wedi rhoi sêl ei bendith drwy sefyll i Anthem Genedlaethol Cymru! Mae'n debyg bod ryw Lady Londonderry wedi cyflwyno copi o *Hen Wlad Fy Nhadau* i Albert Edward ym 1896, ond dyna'r cwbl a wn am hynny ar hyn o bryd.

Nid yn unig hynny, ond rhoddwyd sêl bendith frenhinol i *Hen Wlad Fy Nhadau* pan ymwelodd Siôr y Pumed â De Cymru ym 1912. Ar Fehefin 29, arhosodd y trên brenhinol yng ngorsaf Pontypridd, er na wnaeth Siôr a'i osgordd ond disgyn o'r trên a chyfarfod pwysigion y dref ar blatfform yr orsaf. Yn ffodus, platfform canol gorsaf Pontypridd yw'r trydydd hwyaf o'i fath ym Mhrydain! Mewn adroddiad papur newydd – ni wn pa bapur ond gwelais adroddiad yn y *Glamorgan Free Express,* Gorffennaf 4, 1912, sy'n cadarnhau llawer o'r digwyddiadau – nodir fod Taliesin James wedi cael ei gyflwyno i'r brenin. Cyflwynodd Taliesin iddo gopi o'r anthem wedi ei rhwymo mewn felwm ag aur ynghyd â lluniau o Ieuan a Iago a hanes cyfansoddi'r anthem – fersiwn Taliesin o'r stori. Yna ceir llinell fod y brenin wedi dweud wrth Arglwydd Pontypridd mai *Hen Wlad Fy Nhadau* oedd y gân orau'n y byd.

Iago ab Ieuan, a dirgelwch yr alaw

Cawn y teimlad bod Iago ab Ieuan (James James), yr hynaf o blant Ieuan ap Iago, yn gryn ffefryn gan ei dad. Tra bod y fam a'r plant eraill yn mynd i'r capel, nhw yw'r ddau sy'n ymhel ag awen a chân ac yn gyfeillion â Myfyr Morganwg a'r derwyddon. Fe'i ganed ar Dachwedd 4, 1832, yn "Yr Hen Dafarn" ym Mhontaberbargod, yr un flwyddyn â Ceiriog oedd mor awyddus i lunio anthem genedlaethol i Gymru, ac Islwyn a aned yn Sirhywi. Fe'i bedyddiwyd yn Eglwys San Catwg, Gelli-gaer, ar Ebrill 12, 1833, ac yr oedd yn bymtheg oed pan symudodd y teulu i fyw i Bontypridd. Bu'n gweithio gyda'i dad yn y ffatri wlân yn Mill Street am rai blynyddoedd. Bydd gan amryw o drigolion y dref frith gof o'r *County Hotel* a arferai fod ar yr un safle cyn dymchwel y rhan yna o Mill Street. Gosodwyd llechen ar dalcen y gwesty ym 1956, flwyddyn dathlu canmlwyddiant cyfansoddi'r anthem, ac arni, yn ddwyieithog, y geiriau *Yma y bu fyw Evan James (1809 – 1878) a'i fab James (1832 – 1902) pan yn 1856 y cyfansoddasant Hen Wlad Fy Nhadau.* Swyddfeydd un o adrannau Cyngor Rhondda-Cynon-Taf sydd bellach ar y safle, ac ail-osodwyd y llechen ar yr adeilad hwn.

Yn ôl y Parch B. J. John, awdur *Early History of the Rhondda Valley 1810 – 1910*, yr oedd James James, adeg cyfansoddi *Hen Wlad Fy Nhadau*, yn cadw tafarn y *Welsh Harp* tua dau ganllath o'r lle y safai'r ffatri. Arferid galw adeilad a saif ar waelod Y Graigwen, ac sydd bellach wedi ei addasu'n fflatiau, yn *Welsh Harp Buildings.* Bu am gyfnod byr yn westy a chyn hynny'n swyddfeydd y *Pontypridd Observer*. Hwyrach bod B. J. John wedi cymysgu'i ffeithiau fymryn bach. Yr oedd tafarn wreiddiol y *Welsh Harp* ychydig yn is i lawr y ffordd,

The Colliers Arms yn Aberpennar. Bu Iago ab Ieuan yn cadw'r dafarn hon am nifer o flynyddoedd.

yng nghysgod pont reilffordd Brunel. Yr ochr arall i'r ffordd, bron gyferbyn, oedd y *Collier's Arms*. Gwelir yng nghyfrifiad 1851 fod Iago'n byw gyda'i rieni yn Mill Street. Tua'r adeg honno y priododd Cecilia, merch Morgan a Joan Miles, tenantiaid fferm Gellifonaches. Y mae rhyw gred ei fod ym 1856 yn byw mewn bwthyn oedd yn rhan o adeilad y *Colliers Arms*, yn gweithio'n ffatri'i dad ac yn ennill ychydig 'chwaneg o arian yn canu'r delyn yn nhafarnau'r ardal. Yng nghyfrifiad 1861 nodir mai trafeiliwr oedd wrth ei alwedigaeth, ei fod yn briod a bod ganddo ddau o blant, Taliesin pedair oed ac Elizabeth oedd yn flwydd. Hwyrach ei fod yn teithio i hel archebion i'r ffatri.

Wedi hynny aeth i gadw tafarnau. Un o'r rhai cyntaf – os nad y gyntaf – oedd y *Walnut Tree Bridge*, Ffynnon Taf. Ymadawodd â'r ardal ym 1873 a mynd i gadw'r *Colliers Arms* ar y ffordd rhwng Aberpennar ac Abercynon – tafarn cyfleus i weithwyr glofa'r *Deep Navigation*. Yr oedd yno pan ddaeth yr Eisteddfod Genedlaethol i Aberdâr ym 1885 ac yna ym 1893, wedi marw Cecilia ei wraig, aeth i Aberaman lle treuliodd gyfnod yn byw yn y *Swan* gyda'i fab, y telynor Taliesin James (1857 – 1938). Bu farw yn Hawthorn Terrace, Aberdâr, yn 70 oed ym 1902, er bod traddodiad yn y teulu iddo farw ym mreichiau ei fab yn y *Swan*. Mae ei fedd ym mynwent Aberdâr. Yn ogystal â Taliesin, yr oedd ganddo un mab arall a thair merch.

Mae'n amlwg fod Iago ab Ieuan yn gerddor amatur brwd. Cafodd ei ddysgu i ganu'r delyn gan gyfaill, John Crockett o Bontypridd – yr un John Crockett fu'n athro telyn cyntaf Taliesin James a thad derbynydd y llythyr y cyfeiriwyd ato eisoes. Ceir yn y Llyfrgell Genedlaethol yn Aberystwyth lyfr o gerddoriaeth Hen Nodiant o'i waith sy'n cynnwys rhai alawon a gyfansoddodd ef ei hun a'r hyn y credir yn gyffredinol yw'r fersiwn wreiddiol yn ei law ef o *Hen Wlad Fy Nhadau*. Mae yn y llyfr tonau gopïau o gerddoriaeth ysgafn yn ogystal â darnau corawl poblogaidd fel *Teilwng yw'r Oen* a *Haleliwia* Handel – sy'n rhoi syniad o'r math o gerddoriaeth a genid bryd hynny yng Nghymoedd y De. Mae'r ffaith mai y darnau tenor a gopïodd o rai o'r anthemau hyn yn awgrymu mai tenor ydoedd.

Yn y cywair F y cyfansoddodd Iago ei alaw a cheir o hyd drefniadau ohoni yn yr un cywair er mai E fflat yw'r cywair mwyaf poblogaidd erbyn heddiw – cywair cyffyrddus i gynulleidfa Eisteddfod neu dorf cae rygbi, nid oes ond naw nodyn o'r D isaf, i'r E fflat uchaf.

Cymaint fu'r diddordeb – y dirgelwch, yn wir – ynglŷn â chyfansoddi'r anthem fel bod gwahanol fersiynau o'r hyn a gafwyd o enau Taliesin James. Yn y *Western Mail*, Medi 11, 1930, cafwyd Lewis Davies (Lewys Glyn Cynon) yn tystio iddo glywed gan Taliesin James fod James James wedi cyfansoddi'r alaw wrth gerdded hyd ffordd y Rhondda "... *to the rippling of the river which flowed close by ...*" ar **fore** Sul yn Ionawr 1856. Ceir fersiynau eraill o eni ein hanthem, fersiwn flodeuog Owen Morgan – y Morien lliwgar – yn ei *History of Pontypridd and Rhondda Valleys*, a chan Syr Alfed T. Davies yn ei bamffled *The Story of the National Anthem of Wales*, a gyhoeddwyd ar achlysur dadorchuddio llechen yng Nghanolfan Goffa Ceiriog, Glyn Ceiriog ym 1943. Gweler *Atodiadau 2 a 3*. Diddorol bod pentre Glyn Ceiriog yn dathlu a mynegi diolch am yr anthem, a Ceiriog, y bardd o Lanarmon, y pentref nesaf i fyny'r dyffryn, wedi ymdrechu mor galed i lunio anthem genedlaethol i Gymru.

Felly, yn y cywair F y bwriadodd Iago ab Ieuan i ni ganu ei alaw. Ond a oedd ganddo fwriadau arall? Mae traddodiad llafar ym Mhontypridd, a dadogir ar Mrs Mona Gray a gadwai Sinema'r White Palace, Pontypridd, yr arferid ei chanu'n dipyn sioncach nag y cenir hi heddiw – fel alaw ddawns (*jig*). Merch oedd Mrs Gray i'r Mrs E. C. Parfitt y cyfeiriwyd ati eioes a hithau'n ei thro yn ferch i Elizabeth John a ganodd yr alaw yn Tabor, Maesteg. Pan wnaeth y Gramophone Company y recordiad masnachol cyntaf o ganeuon Cymraeg ar Fawrth 11, 1899, yr oedd *Hen Wlad Fy Nhadau* ymhlith y caneuon hynny. Y gantores oedd Madge Breeze – enw aeth yn angof – ac fe'i canodd yn fywiocach na'r cyflymdra parchus sy'n nodweddu ein canu ohoni heddiw.

Ceisiwyd barn y cerddor a'r darlledwr Gareth Glyn am hyn ar gyfer rhaglen deledu yn Nhachwedd 2005 a'i ymateb oedd fod iddi amryw o nodweddion *jig* a'i bod yn hawdd i'w chanu ar y delyn, mai "cân telynor" yw hi. I brofi'r pwynt fe'i canodd fel *jig* ar y piano ar amseriad $^6/_8$ a dangos ei bod yn alaw ddawns dlws a deniadol – er ei bod yn anodd dychmygu geiriau *Hen Wlad Fy Nhadau* yn cael eu canu gyda'r fath sioncrwydd heddiw!

Nodwyd eisoes nad Llewelyn Alaw oedd yr unig gystadleuydd am y casgliad mwyaf o alawon yn Eisteddfod Llangollen 1858; yr oedd dau arall. Yr un sydd o ddiddordeb i ni yw'r un gyda'r ffugenw Orpheus, a ddyfarnwyd yn ail gyda gwobr o £5 ac anogaeth y beirniad Owain Alaw y dylid diogelu ei gasgliad. Yr oedd *Glan Rhondda* yn un o'r alawon yn ei gasgliad yntau. Gall hyn olygu bod y gân eisoes yn boblogaidd, o leiaf ym Mhontypridd a bod Orpheus yn dod o rywle'n yr ardal. Fel y dywedodd Percy A. Scholes, yr ysgolhaig cerdd o Leeds mewn erthygl ar *Hen Wlad Fy Nhadau* (*Cylchgrawn Llyfrgell Genedlaethol Cymru*, Haf 1943) y mae fersiwn Orpheus o'r alaw'n dra gwahanol i'r hon a geir yn llawysgrif Llewelyn Alaw ac yn llyfr tonau Iago ab Ieuan. Ffrwyth cof amherffaith, hwyrach ar sail un gwrandawiad ohoni, awgrymodd Scholes. Ond yn ddiddorol iawn, o gofio'r hyn a ddywedai rhai o hen bobl Pontypridd, mae fersiwn Orpheus wedi ei gosod ar amser $^6/_8$ yn hytrach na $^3/_4$. Mae amryw yn y gorffennol, yn eu plith Percy Scholes a Tecwyn Ellis (*Cylchgrawn Llyfrgell Genedlaethol Cymru*, 1954) wedi nodi bod yr alaw yn fwy cywir o safbwynt gwyddor gerddorol mewn amser $^6/_8$. Bu llawer o drafod ar waith Owain Alaw yn cywasgu'r gytgan o wyth i bum bar (tud. 32). Wyth bar fyddai'n naturiol i ddawns ac, mae'n debyg i gynulleidfa o Gymru, sy'n tueddu i ymestyn y gytgan drwy forio seibiadau fel ar yr '*heniaith*' – athrylith naturiol y cynulleidfaoedd Cymreig yn ôl Percy Scholes. (Yn ôl a ddywedodd un cerddor profiadol wrthyf mae'n alaw sy'n dipyn o hunllef i arweinydd gan fod y torfeydd yn mynnu eu ffordd eu hunain.)

Ceir, hefyd, y gair *Vivace* (bywiog) yn gyfarwyddyd uwchben copi Orpheus. Roedd pedair llinell gyntaf fersiwn

Orpheus, yn ddiddorol, wedi ei threfnu – os yn syml – i ddau lais a'r gytgan ar gyfer pedwar llais.

Mwy cynhyrfus fyth yw barn bendant y Dr Meredydd Evans a'i briod Phyllis Kinney mai Iago ab Ieuan, James James ei hun, oedd Orpheus! Yn ei ysgrif ddifyr a diddorol yn y cylchgrawn *Hanes Cerddoriaeth Cymru/History of Welsh Music* (Cyfrol 5, 2002) mae Meredydd Evans yn olrhain hanes casgliad Orpheus a ddiflannodd am flynyddoedd cyn i drafeiliwr masnachol o'r enw Lewis Hartley ddod o hyd i'r llawysgrif – o bosib mewn siop lyfrau ail-law. Rhwymodd hi'n hardd a'i rhoi'n anrheg priodas ym 1888 i W. Cadwaladr Davies, Cofrestrydd Coleg y Brifysgol, Bangor, gŵr a fu ar wahanol adegau'n amlwg ym myd addysg yng Nghymru a chylchoedd Cymry Llundain. Ei briod oedd un o Gymry Llundain, y gantores Mary Davies (1855-1930). Roedd hi'n ferch i'r cerflunydd a'r cerddor o Ferthyr, William Davies (Mynorydd), ac yn gantores uchel ei pharch yng nghylchoedd Cymraeg Llundain, yr Eisteddfod, ac yn wir ar y llwyfan Prydeinig. Bu farw Cadwaladr Davies ym 1905, ac wedi ysbaid anfonodd ei weddw lawysgrif Orpheus i'r casglwr, a wedi hynny olygydd *Cylchgrawn Cymdeithas Alawon Gwerin Cymru*, John Lloyd Williams, heb iddi, meddai'r Dr Meredydd Evans, lawn sylweddoli arwyddocâd y casgliad. Gwnaeth Lloyd Williams ddefnydd ohono yn bur fuan. "O'r pum eitem ar hugain a gyhoeddwyd yn rhifyn cyntaf y Cylchgrawn ym 1909, roedd y deg cyntaf ohonynt o gasgliad … Orpheus," meddai'r Dr Evans. Cychwynnodd John Lloyd Williams chwilota pwy oedd Orpheus. Yng Ngorffennaf 1910, yr oedd Williams yn nodi yn ei ddyddiadur ei fod yn siwr mai Ieuan ab Iago ei hun oedd Orpheus. Ond er nodi hynny yn ei bapurau personol ei hun ni chyhoeddodd hynny i'r byd a'r betws. Y rheswm dros hynny, tybia Meredydd Evans, yw bod

John Lloyd Williams wedi gweld llythyr anfonodd Taliesin James i Mary Davies yn mynnu nad oedd ei dad wedi anfon casgliad o alawon i'r gystadleuaeth yn Eisteddfod Llangollen, 1858. *"... I have not the slightest doubt in my mind but that Mr T. D. Llewelyn (Llewelyn Alaw) was the sender of both collections, for I am certain my father did not give his song to anyone but Mr Llewelyn, and I am equally certain my father did not enter the competition himself."*

Gellir bod yn bur sicr bod Iago ab Ieuan – neu ei dad – wedi rhoi copïau o'r gân i eraill. Cofiwn yr hanes am Ieuan yn rhoi copi i Elizabeth John i'w rhoi i Miss Miles. Yn anffodus, mae sawl rheswm dros amau diogelwch tystiolaeth Taliesin James. Yn Llyfrgell Pontypridd gwelais lythyr a sgrifennodd Taliesin James at gefnder neu gyfnither – o bosib i gefnder o'r un enw, Taliesin James arall, yn ôl Mrs Barbara Jenkins. Mae'r llythyr Saesneg, dyddiedig Mehefin 1, 1911, yn cychwyn *Dear Cousin*, yn ceisio pob math o wybodaeth am y teulu, e.e. dyddiadau geni a marw ei dadcu, Ieuan, enw gwraig Ieuan, dyddiad a man geni Iago &c. Maent yn gwestiynau elfennol iawn o ystyried ei fod mewn llythyr arall yn gwneud gosodiadau pendant a sicr ar faterion mwy cymhleth. Cawn Lewis Davies yn tystio i Taliesin ddweud wrtho i'w dad gyfansoddi'r alaw ar **fore** Sul ac yntau'n gwella o salwch pur ddifrifol twymyn y gwynegon, yn ei lythyr i John Crockett dywed mai yn y **prynhawn** y cyfansoddwyd hi ac ni cheir unrhyw sôn am salwch. Mewn man arall dywed mai Ieuan ab Iago oedd yn ymadfer o bwl o afiechyd. Ac wrth gwrs, dyna'r ddadl ynglŷn â pha un ai'r alaw neu'r geiriau a gyfansoddwyd gyntaf.

Ceir gan y Dr Meredydd Evans ddyfyniad o erthygl a ddarganfu John Lloyd Williams yn *Cerddor y Cymru*, a olygwyd gan W. T. Rees (Alaw Ddu). Yr oedd Alaw Ddu yn amlwg yn adnabod Ieuan a Iago yn dda ac yn bur debyg yn gyfaill iddynt – gweler englyn iddo gan Ieuan, tud 140. Dyma a ddyfynwyd o *Cerddor y Cymry*:

"Yr ydym yn cofio yn dda mor hwylus yr adroddai yr hen fardd wrthym yr hanes y modd y cyfansoddwyd yr alaw gan ei fab James, a'r modd yr anfonwyd hi i fewn i'r gystadleuaeth am y casgliad gorau o alawon Cymreig i Eisteddfod yn y Gogledd, ac i'r beirniad Owain Alaw ei hoffi gymaint nes ei threfnu yn ei *Gems of Welsh Melodies* a'r modd y daeth i gael ei hedmygu mor gyffredinol trwy ei waith ef yn ei dwyn allan yn ei gyngherddau."

Tybiai John Lloyd Williams bod hwn yn brawf mai Iago ab Ieuan oedd Orpheus. Wrth gwrs, nid yw'r frawddeg yn dweud mai **Iago ab Ieuan** anfonodd y gân i Eisteddfod Llangollen – gwyddom fod Llewelyn Alaw hefyd wedi gwneud hynny. O gymryd y dyfyniad yn ei gyd-destun, dywedodd y Dr Meredydd Evans wrthyf, ei fod yntau'n ystyried y frawddeg yn arwyddocaol. Ond yr hyn sy'n selio'r ddadl yn wyddonol sicr i Dr Evans yw'r llawysgrifen. Dyma a sgrifennodd yn *Hanes Cerddoriaeth Cymru*:

"Ar 18 Chwefror 1998, digwyddais ymweld ag Arddangosfa Barhaol y Llyfrgell Genedlaethol. Yno gwelais 'Llyfr Tonau' James James ar agor ar dudalen yn cynnwys *Glan Rhondda*. Hoeliwyd fy sylw gan y nodiant yn arbennig. Tybiais fy mod yn adnabod y llaw ysgrifen. Ar unwaith trefnais i gymharu'r 'Llyfr Tonau' â llawysgrif 'Orpheus' ac nid oedd amheuaeth gennyf nad yr un llaw oedd yn gyfrifol am gynnwys y ddau ohonynt. Yn ddiweddarach, gofynnais i Daniel Huws, sy'n balaeograffydd o fri, i gymharu'r gyfrol a'r llaw-ysgrif. Gwnaeth yntau hynny a dyna pam y gallaf bellach ddweud â'm llaw ar fy nghalon, mai James James oedd, ac ydyw, 'Orpheus'."

Mewn sgwrs â Mr Daniel Huws, cyn-Bennaeth Adran Llawysgrifau'r Llyfrgell Genedlaethol, dwedodd wrthyf mai mater bychan iawn oedd cadarnhau a phrofi mai Iago ab Ieuan oedd Orpheus wedi i'r Dr Meredydd Evans wneud y cysylltiad gwreiddiol a sylwi ar debygrwydd y ddwy lawysgrif.

Dyna selio dadl ddiddorol a phwysig ynglŷn â sut y bwriadai Iago ab Ieuan i'r gân gael ei chanu. Yn arbennig gan iddo osod y cyfarwyddyd *Vivace* ar y copi sydd yn y casgliad a anfonodd i Eisteddfod Llangollen dan y ffugenw Orpheus. Ymddengys felly bod tri fersiwn cynnar o alaw *Hen Wlad Fy Nhadau* – pedwar o gofio am *Glan y Rhondda* oedd hefyd, ym marn Meredydd Evans, yng nghasgliad Llewelyn Alaw. Mae'r fersiwn sydd yn 'Llyfr Tonau' Iago ab Ieuan; yr un a anfonodd Llewelyn Alaw i Eisteddfod Llangollen yn ei gasgliad buddugol ac a boblogeiddiwyd gan Owain Alaw; a'r un yng nghasgliad Orpheus – sef Iago ab Ieuan. Os felly, fersiwn Llewelyn Alaw – nid fersiwn Orpheus – oedd y *"product of imperfect memory (perhaps the hearing of one performance)"* ys dywedodd Percy Scholes. Â Scholes rhagddo i ddisgrifio fersiwn Orpheus:

It is in 6/8 time, two bars being thrown into one throughout, and metrically is the most correct of all the versions ...

Eto, fel y nodwyd eisoes, y mae damcaniaeth Dr Meredydd Evans a Phyllis Kinney bod dau fersiwn o'r alaw yng nghasgliad buddugol Llewelyn Alaw, *Glan Rhondda* (Ll.G.C. 331) a *Glan y Rhondda* (Ll.G.C. 129B) yn arwyddocaol. A oedd Llewelyn Alaw wedi cofnodi'r alaw, fel y disgrifiodd Taliesin James yn ei lythyr, ar sail un neu ddau wrandawiad? Yn ddiamau yr oedd Llewelyn yn gerddor galluog, eto os bu iddo wneud hynny'n frysiog, a oedd wedi cael trafferth darllen ei nodau yn ddiweddarach ac wedi anfon dau fersiwn i'r gystadleuaeth? Y mae *Glan y Rhondda* casgliad Llewelyn yn dra gwahanol eto i bob fersiwn arall, ac er yn ddiddorol ni fedraf ddod i unrhyw gasgliad arall o'i gosod ochr yn ochr â'r lleill.

A wnaeth Iago ab Ieuan ein camarwain yn fwriadol drwy gynnwys fersiwn mwy "diweddar" o *Glan Rhondda* yn ei lyfr tonau? Sef y fersiwn boblogeiddiwyd drwy ymdrechion Owain Alaw wedi ei seilio ar y *Glan Rhondda* o gasgliad Llewelyn Alaw? Y mae'r dyddiadau a nodir wrth yr alawon a chaneuon yn llyfr tonau Iago yn ymestyn o 1849 i 1863, ac y mae'r dyddiad uwchben *Glan Rhondda* yn glir – Ionawr 1856. Eto, am ryw reswm yr oedd Iago'n anfon fersiwn gwahanol ohoni i Eisteddfod Llangollen 1858. Sut felly, y gellir egluro'r hyn sydd yn llyfr tonau Iago? A oedd yn teimlo bod y gân wedi codi adain ei hun ac mewn perygl o ddianc o'i afael ef – y cyfansoddwr? A'i fod yn cynnwys copi ohoni yn ei lyfr tonau, fwy neu lai fel y cenid hi bellach drwy Gymru benbaladr, i'w darganfod gan ymchwilwyr y dyfodol a phrawf o'i berchnogaeth ohoni? Nid yw'r ffaith ei fod yn nodi dyddiad y cyfansoddi – Ionawr 1856 – uwchben ei lawysgrif ohoni yn golygu iddo ei **chofnodi** yn ei lyfr yn Ionawr 1856, nac mai fel yna y cyfansoddodd hi gyntaf. Ymddengys ar yr un tudalen – o dan – copi o *The Duke of York's March;* a allai awgrymu na welai unrhyw arbenigrwydd mawr i'r gân. Eglurhad nad yw'n gwbl gyson â'r stori iddi gael derbyniad gwresog o'r funud y'i canwyd gyntaf. Neu, a hyn sy'n ymddangos yn fwy tebygol, i Iago ei chynnwys rai blynyddoedd wedyn, mewn lle gwag yn y llyfr, ar ffurf debyg i'r fersiwn oedd yn awr yn sgubo drwy'r wlad.

Mae un pwynt arall diddorol. Dywedodd Taliesin James fod Llewelyn Alaw wedi gofyn i'w dad a wyddai am unrhyw alawon Cymreig nas cyhoeddwyd. Atebodd Iago, yn ôl Taliesin, nad oedd – ond bod un o'i ganeuon ef ei hun, *Glan Rhondda*, wedi dod yn boblogaidd iawn. Naill ai yr oedd Iago'n dweud y gwir, sef na wyddai unrhyw alawon traddodiadol – annhebyg iawn; neu, yn fwy tebygol, yr oedd yn bwriadu cystadlu ei hun ac am gadw'i alawon iddo'i hun! Ni fuasai ganddo ddim i'w golli o roi *Glan Rhondda* i Llywelyn Alaw, ac fe allai – fel y digwyddodd – iddo fod ar ei ennill o wneud hynny. Ac wrth fynnu nad ei dad oedd Orpheus, a oedd Taliesin, fel yr awgrymodd Dr Meredydd Evans wrthyf, am gelu'r ffaith i'w dad gael ei guro yn y gystadleuaeth yn Eisteddfod Llangollen 1858? Mwy tebygol fyth yw na ddymunai Taliesin ddatgelu i'r byd a'r betws mai Iago oedd Orpheus gan y byddai hynny'n datgelu bod *Glan Rhondda* Iago'n dra gwahanol i'r gân oedd bellach yn anthem y genedl! Rwy'n ei weld yn rhyfedd, hefyd, nad oedd Iago yn dyddio'r cyfansoddi yn fanylach na Ionawr 1856.

Yn ychwanegol at hynny y mae casgliad Orpheus yn cynnwys alawon traddodiadol, ond hefyd alawon – ym marn Dr Evans – a gyfansoddodd Iago ei hun. Ceir, hefyd, yn y casgliad bedair cerdd a briodolir i Thomas James o'r Llanover Inn, Pontypridd, y cyfeirir ato hefyd fel T. ab Iago, a cheir yr enw Dewi ab Iago wrth fôn cerdd arall. Gwyddom fod gan Ieuan ab Iago frodyr o'r enw Thomas (Tomos ab Iago) a David (Dewi ab Iago) – dau ewythr i Iago – a bod y ddau'n feirdd. Ceir cerddi o waith y ddau ymysg Llawysgrifau Ieuan ab Iago yn y Llyfrgell Genedlaethol.

A derbyn, felly, mai Iago ab Ieuan oedd Orpheus, ychwanegir yn fawr at ein darlun ohono – hyd yn oed os yw'n tynnu mymryn oddi ar ei gyfraniad i gyfansoddiad a ffurf *Hen Wlad Fy Nhadau*. "Y mae'n amlwg ei fod yn ddyn o weledigaeth," meddai Mr Daniel Huws wrthyf. "Yn gynharach yn y ganrif bu cryn dipyn o gasglu alawon gwerin

– yn arbennig casgliad enwog Maria Jane Williams, Aberpergwm. Ond erbyn canol y bedwaredd-ganrif-ar-bymtheg roedd y Cymry'n parchuso ac yn dechrau troi eu trwynau ar yr hen alawon gwerin, a phrin iawn oedd y casglwyr. Llewelyn Alaw oedd un o'r ychydig. Felly, yr oedd y ffaith bod gan werinwr arall o'r de-ddwyrain ddiwydiannol y weledigaeth i fynd ati i gasglu yn bwysig ac yn arwyddocaol. Ni chafwyd casglwr arall o bwys tan John Lloyd Williams, ddechrau'r ugeinfed ganrif." Fel y nodwyd eisoes, gwnaeth John Lloyd Williams ddefnydd helaeth o gasgliad Orpheus.

Yna, ym 1884 daeth nodyn chwerw i stori *Hen Wlad Fy Nhadau*. Ymddangosodd llythyr gan ryw Frederick Atkins, organydd yn Eglwys Sant Ioan, a saif yng Nghanol Caerdydd, yn y *South Wales Daily News*:

... before it gets handed down to posterity as a Welsh air, permit me to point out that it (Land of my Fathers) is taken note for note almost from one in an old English comic opera ... The air is known as **'Tiptin o' Rosin the Beau'**, *and is to be found in some old books – notably instruction books.*

Ymatebodd Iago ab Ieuan, gan adrodd y stori fel y bu i'r alaw gael ei chynnwys yng nghasgliad buddugol Llewelyn Alaw yn Eisteddfod Llangollen, a fel y bu i Owain Alaw ei chynnwys yn ei *Gems of Welsh Melodies*. Ychwanegodd: *"I know nothing whatever of the melody named by Mr Atkins."*

Aeth hi'n dân golau am wythnosau yng ngholofnau llythyron y *South Wales Daily News* a'r *Western Mail*. Er mor barod i gollfarnu ymddengys fod Atkins yn methu dod o hyd i'w gopi o'r gân o'r *old English comic opera*. Wedyn cafwyd ryw chwedl y bu tân yn stordy'r cyhoeddwr a bod pob copi o'r gân wedi'u llosgi'n lludw. Ceisiodd y *Western Mail* gael copïau o *Tiptin o' Rosin the Beau* ond *"... extraordinary to relate, both the music warehouses in Paternoster-row to which we had given orders*

Alaw Glan Rhondda fel y ceir hi yn "llyfr tonau" Iago ab Ieuan

Y fersiwn o Tiptin o' Rosin the Beau allan o Musical Bouquet. Cyhoeddwyd y ddwy alaw uchod yn y Cardiff Times and South Wales Weekly News (Ebrill 12, 1884) uwchben llythyr R. H. Jones, Maesycymer (gweler isod).

were burnt down on the very morning their parcels were to be dispatched". Cynigiodd Atkins gopi ohoni o'i gof i'r *Western Mail*, ond gwrthododd y papur i ddechrau er derbyn y cynnig yn nes ymlaen, gan y gallai ystumio'r alaw i brofi ei bwynt. Cyhuddwyd ef o hynny gan o leiaf un llythyrwr! Rhyfedd meddwl iddo gael y fath drafferth gan iddi gael ei chyhoeddi mewn cylchgrawn o'r enw *Musical Bouquet* ym 1856! Beth bynnag, yr oedd yn amlwg bod amryw o'r llythyrwyr yn gyfarwydd â *Tiptin o' Rosin the Beau* a dechreuwyd dadlau ynglŷn â pha fersiwn ohoni oedd yn gywir. (Dywedodd Phyllis Kinney wrthyf fod o leiaf bedwar fersiwn ohoni ac mai un yn unig sydd rywbeth yn debyg i *Hen Wlad Fy Nhadau*.) Beth bynnag, ymddengys nad cân o unrhyw *old English comic opera* oedd hi wedi'r cwbl ond alaw Albanaidd, *I lo'e na laddie but ane*! Ceir braslun o'r dadlau ynghyd â dyfyniadau o wahanol lythyron mewn erthygl gan Tecwyn Ellis yn *Cylchgrawn Llyfrgell Genedlaethol Cymru* (1954) lle daw i'r casgliad – rhyfedd braidd – a ganlyn:

"Nid erys llawer o amheuaeth nad cyfaddasiad o'r alaw *'Rosin the Beau'* yw *'Hen Wlad Fy Nhadau'* fel y gwyddom ni amdani, ond ni dderbyniodd Cymru'r caswir."

Ni ellir gweld sut yn union y daeth Tecwyn Ellis i'w gasgliad gan mor bytiog ei ddyfyniadau o'r llythyrau – defnyddiodd y gosodiadau ysgubol ac anwybyddu'r dadansoddi. Hefyd, mae'n lled-gyfeirio at rai pwyntiau y buasai'n ddiddorol gwybod mwy amdanynt. Er enghraifft, mae'n cydnabod gweld copi o *I lo'e na laddie but ane* gan rywun o Gorwen, ond heb ddweud a ydyw, yn ei farn ef, yr un fath â *Tiptin o' Rosin the Beau* nac awgrym o ba mor debyg yw'r ddwy alaw! Yn ei erthygl mae Ellis yn cynnwys fersiwn ohoni a gafodd gan yr *English Folk Dance and Song Society* ond mae cryn wahaniaeth rhyngddi a honno a argraffwyd yn y *Musical Bouquet*. Ceir dyfyniad byr ganddo o lythyr gan ryw Mr. R. H. Jones o Faesycymer a ymddangosodd yn y *Cardiff Times and South Wales Weekly News* (Ebrill 12, 1884), "y cyntaf a'r tecaf" o gefnogwyr Iago ab Ieuan. Ond ni chafwyd fawr o gynnwys y llythyr "teg". Gan fod copi o'r llythyr yn Llyfrgell Pontypridd dyma ddyfyniad gweddol hir ohono. Wedi cystwyo'r golygydd am gamgymeriadau yn sgôr *Hen Wlad Fy Nhadau* a argraffwyd mewn rhifyn blaenorol o'r papur a gofyn am gywiro rhai nodau, â rhagddo:

This will give you a correct copy of the original **Hen Wlad Fy Nhadau** *which I have been allowed to examine by the author, Mr James James of Mountain Ash. I will now proceed to analyse both melodies and would ask your readers to observe in starting that the phrases of* '**Rosin the Beau**' *consist of two bars each, in six-eight time, whilst the phrases of* **Hen Wlad Fy Nhadau** *consist of four bars each, in three-four time. In referring to the first two bars of* '**Rosin the Beau**' *and the first four bars of* '**Hen Wlad Fy Nhadau**' *it does not appear to me possible for even the most fertile imagination to establish the slightest similarity. Take the second phrase in* '**Rosin the Beau**' *and the next four bars, or the second phrase of* '**Hen Wlad Fy Nhadau**' *omitting the first 3 notes.*

I am sure your musical readers will at once admit that it would be useless to search for any comparison, and I submit that the three notes which I have referred to are totally valueless from a melodic point of view. We will now proceed to the third phrase in '**Rosin the Beau**' *which is identical with the first, and compare it with the third phrase in the Welsh air, and I venture to assert that there is not the slightest typical identity discoverable; the first and third phrases in* '**Rosin the Beau**' *are precisely the same, whilst in* '**Hen Wlad Fy Nhadau**' *we have a different phrase altogether. In the fourth phrase of* '**Rosin the Beau**' *and in the corresponding phrase of* '**Hen Wlad Fy Nhadau**' *I willingly admit that it is quite apparent to the most superficial observer that there is no difficulty in discerning a very striking and reasonable similarity, but your musical students will at once observe that this similarity is easily accounted for, being the first full and authentic cadence which must progress from dominant to tonic.*

I would invite your readers' special attention to the next, or fifth phrase of '**Rosin the Beau**', *as printed by you today, and ask them to compare it with the same phrase as it appeared in your issue of the 8th inst. In that copy, written by Mr Atkins, this phrase has* been so manipulated that it bears a most striking similarity to **'Hen Wlad Fy Nhadau'**, but will my friend Mr Atkins allow me to ask him upon what authority he writes the phrase in this manner? Is it not possible that Mr Atkins has had this strain from **'Hen Wlad Fy Nhadau'** echoing in the corners of his memory? Until I have more substantial evidence than Mr Atkins's recollections of Mrs Fitzwilliam's charming singing flitting through his mind, I have no alternative but to acquit Mr James of anything approaching plagiarism – even unintentionally – on this score.

Neither the copy which you print today nor the one which appeared as a supplement to the **Western Mail** on the 7th inst would justify Mr Atkins's score. Both my copies – if I might be called them such – are here identical, excepting the grace notes, which further estrange **'Hen Wlad Fy Nhadau'** from **'Rosin the Beau'**, and both differ from Mr Atkins's copy. The sixth phrase of **'Rosin the Beau'** is identical with the second, both ending alike, which endings differ in **'Hen Wlad Fy Nhadau'**, both phrases in **'Rosin the Beau'**, terminating on the sixth of the key, as a third to the harmony of the sub-dominant, but in **'Hen Wlad Fy Nhadau'** it is not so.

We will next compare the seventh phrases of both airs. The reader will here observe that this phrase is identical with the 1st and 3rd in **'Rosin the Beau'** as printed by you today, which are, as we have pointed out, totally dissimilar to the corresponding phrases or to the seventh phrase in **'Hen Wlad Fy Nhadau'**, which as your readers will see is a repetition of the third phrase of the same air, whereas in Mr Atkins's copy, he makes his seventh phrase a repetition of his fifth, and here again it serves the same purpose, being a repetition which is so manipulated as to correspond with the repeat in **'Hen Wlad Fy Nhadau'**, which process estranges Mr Atkins's score from the only two copies of **'Rosin the Beau'** which I have been able to put my hands upon. The eighth phrase is a *repetition of the fourth in* **'Rosin the Beau'**, *and the infinitesimal similarity found between the structure of the two melodies here must be repeated as the only full and authentic cadences.*

Mae'n amlwg, onibai am y cymal *Tros ryddid gollasant eu gwaed* ac a adleisir yn *O bydded i'r heniaith barhau*, ni ellir clywed tebygrwydd o gwbl rhyngddynt. Yr wyf wedi cymharu *Rosin the Beau* â'r hyn wnaeth Mr Gareth Glyn â *Hen Wlad Fy Nhadau* pan ganodd hi fel *jig* ar y piano, ac eto ni fedrwn weld tebygrwydd, heblaw am yr un cymal olaf. Beth bynnag, oni fuasai cerddor o ddawn a gallu diamheuol Owain Alaw wedi gweld y tebygrwydd yn y cychwyn?

Bûm yn trafod y mater gyda'r Dr Meredydd Evans a Phyllis Kinney.

"Nid oes ond un cymal cerddorol sydd yr un fath yn y ddwy alaw," meddai Ms Kinney, "y cymal sy'n cynnwys y geiriau *Tros ryddid gollasant eu gwaed*, ac a ail-adroddir ar ddiwedd y cytgan yn y geiriau *O bydded i'r hen iaith barhau*. Y mae tebygrwydd ond yn fy marn i nid amrywiad o *Old Rosin the Beau* yw *Hen Wlad Fy Nhadau*. Mae'n fwy tebygol bod cymalau cerddorol *Old Rosin the Beau* yn gyfarwydd oherwydd poblogrwydd alawon Gwyddelig yn y ganrif o'r blaen a bod James James yn gyfarwydd â hwy. Beth bynnag, mae gwahaniaeth mawr rhwng dweud bod cyfansoddwr wedi ei ddylanwadu heb yn wybod gan ddarn o gerddoriaeth a honni bod un cyfansoddiad yn gopi o un arall."

Pwysleisiodd Dr Evans yr angen i fod yn wyddonol wrth gymharu alawon, a bod ambell adlais ddim digon i honni bod cân wedi ei seilio ar un arall. "Ac y mae'r grefft o astudiaeth gerddorol gymharol wedi datblygu llawer yn yr ugeinfed ganrif," meddai. "Mae'r fath beth yn bod a theuluoedd o alawon ac nid yw'r ffaith bod alawon yn perthyn i'r un teulu hyd yn oed yn golygu bod un wedi dwyn wrth y llall. Rhaid edrych ar ffurf gyffredinol y gân a ffurf yr alaw. I ddechrau nid yw ffurf *Hen Wlad Fy Nhadau* ac *Old Rosin the Beau* yr un fath, rhaid i'r gerddoriaeth dynnu at ei gilydd – bod y ffurf a naws yr alaw yr un fath. Mae adleisio'n digwydd yn fynych mewn cerddoriaeth, ond nid oes digon o gyfatebion rhwng *Old Rosin the Beau* a *Hen Wlad Fy Nhadau* i gyfiawnhau'r cyhuddiad o gerdd-ladrad wnaed yn erbyn Iago ab Ieuan. Dylid cofio meddylfryd Seisnig y cyfnod, hefyd – na ddichon dim da ddod o Gymru."

Mae'r pwynt parthed y "meddylfryd Seisnig" yn berthnasol o gofio'r cyfnod. Yr oedd Ieuan ab Iago yn crybwyll y peth o lwyfan Eisteddfod Gelli-gaer chwe blynedd cyn cyfansoddi *Hen Wlad Fy Nhadau*. Âf ar drywydd hynny'n nes ymlaen (gweler tud. 99). Yn y ddadl am wreiddioldeb *Hen Wlad Fy Nhadau* yr oedd safbwynt y dadleuwr, yn fynych, yn adlewyrchu ei safbwynt gwleidyddol – Cymry Ryddfrydol yn erbyn cenedlaetholwyr Seisnig. Nid anodd dod o hyd yn y cyfnod hwn i enghreifftiau eraill o wrth-Gymreigrwydd ym myd hanes, archaeoleg, dawnsiau gwerin ac ati. Sylwer fel yr honnodd Frederick Atkins yn syth mai alaw **Seisnig** oedd *Old Rosin the Beau*! Buan yr ymddangosodd llythyron yn y *Western Mail* a'r *South Wales Daily News* yn dangos mai alaw Albanaidd hen iawn oedd hi. Ar ben hynny, yr oedd – meddai Mr Tim Saunders wrthyf – yn adnabyddus fel cân wrthryfel Wyddelig o'r enw *The Boys of Kilmichael*.

Beth bynnag am hyn oll mae'r hen helynt yna wedi ei hen anghofio. Pa fodd y cododd y ddadl? Eiddigedd y Saeson o glywed anthem mor urddasol yn cynhyrfu'r wlad fach drws nesaf? Ni chrybwyllwyd y ddadl gan Percy Scholes yng *Nghylchgrawn Llyfrgell Genedlaethol Cymru* (Haf, 1943). Pam yr aeth Tecwyn Ellis ar ôl y chwilen a sut y daeth i'w gasgliad rhyfedd, anodd gwybod. "Mae'n debyg bod pobun yn hepian rywbryd," fel y dywedodd Dr Meredydd Evans wrthyf. Mae gennyf ryw frith gof y bu, yn y pumdegau, rywfaint o ymgyrchu o blaid gorseddu *"Cofia'n Gwlad"* Elfed fel ein Hanthem Genedlaethol er, mae'n debyg, mai Prydain oedd "gwlad" y bardd a'r emynydd hwnnw. A oedd Tecwyn Ellis yn rhan o'r ymgyrch honno? Beth bynnag, erys enw Iago ab Ieuan yn annatod gysylltiedig ag un o anthemau cenedlaethol mawr y byd - hyd yn oed os gwnaed rhai newidiadau iddi hwnt ag yma ar ei thaith i boblogrwydd. Yn wir, yn wyneb tystiolaeth ddiweddar Dr Meredydd Evans – gyda chadarnhad Mr Daniel Huws – mae'n amlwg bod eraill, odid y genedl gyfan, wedi cyfrannu rhywfaint at ffurf bresennol *Hen Wlad Fy Nhadau*, y modd a'r tempo y cenir hi heddiw. Mae'r ffaith fod llythyr yr Atkins hwnnw wedi ffyrnigo'r fath ddadl, gyda gwŷr fel Caradog yn rhuthro i amddiffyn Iago ab Ieuan, yn brawf bod *Hen Wlad Fy Nhadau* wedi ennill ei lle yng nghalon y genedl.

Rhoddwn y gair olaf i'r Sais call a chytbwys, Percy Scholes (o ddyfyniad gan Oswald Edwards):

"It will be known to most readers that complete originality is an impossibility. Every piece of music, big or little, however "original" it may be in it's general effect contains far and away more un-original material than original – so much so that it is often pretty hard to determine to what the general effect of originality is due. Any student of folk tunes knows that the same melodic phrases crop up again and again in different tunes."

Nid *Hen Wlad Fy Nhadau* oedd testun y Dr Scholes yn yr erthygl hon ond amddiffyniad o *God Save The King/Queen*, hen alaw Ffrengig ag iddi nodweddion nifer o alawon eraill.

Teulu'r Jamesiaid

Yr oedd Evan James (Ieuan ab Iago), awdur geiriau *Hen Wlad Fy Nhadau*, o'r un enw â'i dad. Ganwyd Evan James y tad ym mhlwyf Eglwysilan ar Awst 29, 1773. Saif pentref Eglwysilan ar frig y mynydd rhwng Pontypridd ac Abertridwr, un o'r hen bentrefi gwarcheidiol o gyfnod cyn y chwyldro diwydiannol sydd fel Llanwynno, Llanfabon a Phenycoedcae yn britho pennau'r bryniau o gwmpas Pontypridd. Mab i wehydd oedd yr Evan James hwnnw, hefyd. Ni wyddom fawr ddim amdano ond ceir ryw awgrym bod y teulu'n hannu o Sir Aberteifi a gwyddom i'w dad sefydlu melin wlân yng Nghaerffili ym 1750. Priododd Elizabeth Stradling o Gaerffili tua 1791. Yn ôl traddodiad teuluol yr oedd Elizabeth Stradling o deulu enwog Stradlingiaid San Dunwyd – gall mai Taliesin James, neu ei gefnder o'r un enw, oedd ffynhonnell y wybodaeth yma. Teulu â'i wreiddiau yn y Swisdir oedd y Stradlingiaid ond wedi ymsefydlu yng Nghymru ers o leiaf y bedwaredd-ganrif-ar-ddeg. Dros y canrifoedd casglodd y teulu lyfrgell odidog ac ymfalchïent mewn traddodiad hir o noddi beirdd a'r diwylliant Cymraeg.

    Daeth cyfnod disglair y teulu bonheddig hwn i ben pan laddwyd yr etifedd, Syr Thomas Stradling, yn Montpellier ar Fedi 27, 1738. Yn ôl yr hanes yr oedd Thomas Stradling wedi mynd ar y daith Ewropeaidd, yn ôl arfer gwŷr ifanc y cyfnod, gyda chyfaill o ddyddiau coleg o'r enw John Tyrwhitt. Ymddengys i'r ddau wneud cytundeb – pe digwyddai i un farw ar y daith y byddai'r llall yn etifeddu ei stad. Yn ôl traddodiad yn nheulu'r Stradling llwyddodd Tyrwhitt un noson i feddwi Syr Thomas, ei gyhuddo o sarhad, ei herio i frwydr a'i ladd. Ymhen ysbaid ymddangosodd Tyrwhitt gyda'r darn papur a arwyddwyd gan yr ymadawedig yn tystio i'r cytundeb a wnaed rhwng y ddau cyn cychwyn eu taith. Ym 1755, wedi blynyddoedd o ymgyfreithio, cafodd gwir etifeddion y Stradlingiaid ei hel oddi ar yr hyn oedd weddill o stad San Dunwyd. Yn ôl achau teuluoedd Morgannwg G. T. Clarke (*Limbus Patrum Morganiae et Glamorganiae, 1886*) rhannwyd yr ystad yn dair a cheir ganddo fanylion bod cangennau o'r hen deulu wedi ymsefydlu mewn amryw fannau, yn eu plith Y Rhath (Caerdydd), Llanilltud Fawr, Merthyr Mawr, Cynffig a'r Gelli-gaer. Nid bod hyn o arwyddocâd mawr, ond yr oedd yna Elizabeth Stradling sawl cenhedlaeth cyn hyn – o deulu'r Manselliaid a briododd i fewn i deulu'r Stradlingiaid. Nid yw'n bosib bod yr Elizabeth Stradling a briododd Evan James – hyd yn oed os oedd hi'n ddisgynnydd uniongyrchol o'r teulu – wedi treulio unhyw gyfnod o'i phlentyndod yng Nhastell San Dunwyd. Ond pwy wŷr nad oedd hi'n ymwybodol o draddodiad llengar disglair ei theulu ac na throsglwyddodd hi a'i gŵr rywfaint o'r anian hwnnw i'w plant, yn ei plith y degfed, Ieuan ab Iago, awdur *Hen Wlad Fy Nhadau*.

    Ganwyd 14 o blant i Evan ac Elizabeth James, tri ohonynt heb oroesi'u babandod, a chredir mai ym mhlwyf Eglwysilan yr oeddynt yn byw pan anwyd y mwyafrif o'r plant hyn. Bryd hyny roedd plwyf Eglwysilan yn enfawr gyda'i ffiniau'n ymestyn ar ochr ddwyreiniol afon Taf o'r Eglwys Newydd yn y De i Gilfynydd yn y Gogledd ac ar ochr orllewinol afon Rhymni o Ystrad Mynach i Gefn Onn, Caerffili. Ni wahanwyd plwyf Caerffili oddi wrth blwyf Eglwysilan tan 1850. Pan anwyd Ieuan ab Iago ym 1809, tebyg bod y teulu'n byw mewn bwthyn o'r enw Bryngolau yn ochr tafarn y Castle, rhif 11 Castle Street, Caerffili – lle heddiw y saif Neuadd y Gweithwyr. Yn ystadegau cyfrifiad Pontypridd 1851 ac wedi hynny nodir ei fan geni fel Caerffili. Cawsant eu magu yn y traddodiad Cristnogol ac yn ôl tystiolaeth cerddi Ieuan ab Iago bu Evan James, y tad, yn athro Ysgol Sul gydol ei oes. Parhaodd gyda'i waith fel gwehydd a chawn yr argraff ei fod yn berson uchel ei barch yn y gymdogaeth – yr oedd wedi'r cwbl yn briod ag aelod o deulu'r Stradlingiaid ac yn berchen ei ffatri wlân ei hun. Erbyn 1813 yr oedd y teulu wedi symud i'r Ancient Druid Inn, Argoed, ger Tredegyr, ym mhlwyf Bedwellte. Pan gladdwyd ei fab pum wythnos oed, James, ar Fawrth 22, 1814, ym mynwent Eglwys San Martin, Caerffili, gwelir bod Evan James yn Faer Bedwellte. Dylswn nodi, y ganwyd yn ddiweddarach fachgen arall a enwyd yn James. Nodaf hyn gan i mi gyfeirio eisoes at fab o'r enw James James a ymfudodd i America.

Evan James, Ieuan ab Iago, a anwyd ym 1809, oedd y degfed o'r pedwar-plentyn-ar-ddeg. Yn ôl Thomas T. Leyshon, a cheir awgrym i'r perwyl gan Daniel Huws, bu farw Elizabeth y fam wedi geni Thomas, yr olaf o'r plant, oddeutu 1816. Ond yn ôl un arall o ddisgynyddion y teulu, Mrs Barbara Jenkins o Fynydd Cynffig, ymddengys yn bur sicr iddi gael ei chladdu yno ym 1824. Dengys cofnod ym Meibl un cangen o'r teulu iddi gael ei chladdu yn Eglwys San Martin, Caerffili, a dyddiad tebycaf ei marwolaeth, yn ôl cofrestr yr eglwys yw Rhagfyr 3, 1824, a dydd ei hangladd oedd Rhagfyr 12. Dyna'r flwyddyn a roddir yng nghynllun llinach y teulu gan Mr Leyshon, er ei fod yn awgrymu fel arall yn y testun. Ailbriododd Evan James, y tad, ddynes arall o'r enw Elizabeth – Elizabeth Williams, gwraig weddw o Ferthyr Tudful, flwyddyn yn hŷn nag ef yn Eglwys Llangatwg, Gelli-gaer, ar Ragfyr 22, 1826, ym "mhresenoldeb William Pritchard a William Phillips". Buasai Evan James ac Elizabeth Williams, y ddau ohonynt dros eu hanner cant yn ailbriodi ac y mae'n sicr na fu plant o'r ail briodas. A briododd Evan forwyn oedd

eisoes wedi cymryd rhan bwysig yn magu'r plant? Wedi'r cwbl yr oedd un-ar-ddeg yn nifer fawr i'w magu, heb sôn am y tri fu farw'n fabanod. Ceir awgrym i'r teulu symud o Argoed rywbryd cyn 1820. Pan gofiai Ieuan ab Iago ddyddiau'i blentyndod yn ei gerddi, y cyfnod yn fferm fach Ffos yr Hebog, ar ochr y mynydd filltir i'r gogledd-orllewin o bentref Deri, ym mhlwyf Gelli-gaer ysbrydolai ei awen:
Rhaeadr Nant Bargod gogyfer a'r crofft
A'm suodd i ganwaith i gysgu.
  Nid yw Nant Bargod yn llifo'n agos i Ffos yr Hebog, felly mae'n bosib bod Ieuan yn rhoi peth rhyddid i'w ddychymyg a'i fod yn disgrifio Nant Bargod yn y dyffryn islaw, lle mae'n llifo i fewn i Afon Rhymni, ger *Yr Hen Dafarn.* Yn ddiweddarach ailenwyd y dafarn yn *Old Mill Inn,* cafodd ei hailadeiladu a'i henwi yr *Old Mill Hotel* a'i henw nawr yw *The Gold Mine,* er bod *Old Mill Hotel* o hyd ar y talcen. Byddai'r nant yn llifo heibio i'r ffatri wlân oedd yn eiddo i frawd hŷn Ieuan, sef Edward a'i wraig Mary, tra'r oedd ei chwaer, Mary arall, a'i gŵr Thomas Lewis yn cadw *Yr Hen Dafarn.* Mae'n bosib, wrth gwrs, iddo dreulio llawer o amser yng nghartrefi ei frawd a'i chwaer hŷn. Mae'n sgrifennu'n annwyl am ei fagwraeth yn y parthau hyn:
... dan ofal gwyliadwrus
Fy llysfam fwyn a'm tad.
Mae'n bosib i'r gerdd hon gamarwain pobl i dybio bod ei dad wedi ailbriodi erbyn hyn. Ond mewn cerdd arall – *Y Sycamorwydden yn Ymyl y Nant* – sydd eto fel pe'n disgrifio rhywle yng ngwaelod y cwm mae'n sôn am gael
... addysg yn foreu er fy rhinweddoli
Tan nawdd fy nhad a fy mam.
Tŷ hir, nodweddiadol Gymreig oedd Ffos yr Hebog bryd hynny. Bellach, er mewn man unig yng nghanol gweundir

comin Gelli-gaer, mae wedi ei addasu'n dŷ annedd gyda llawer o ychwanegiadau i'w du allan, ac yn bencadlys cwmni bysiau lleol. Mae'r bysiau deulawr ac adeiladau'r cwmni'n cysgodi'r hen dŷ. Yn ôl Thomas Leyshon ni fu'r teulu'n hir iawn yn Ffos yr Hebog a dywed iddynt symud i fyw i bentre Nelson, plwyf Llanfabon, ym 1820. Os felly, yr oeddent yn symud oddi yno cyn marw'r fam, er bod Mr Leyshon yn mynnu iddi farw cyn hynny. Yn sicr, daliodd y teulu afael ar y fferm am gyfnod go dda wedi hynny hyd yn oed os nad oeddynt yn byw yno. Cytunir iddynt, ym 1837, symud i Bant y Trwyn, ger Ynys-ddu, plwyf Mynydd Islwyn a cheir cadarnhad o hyn mewn *"Englynion Annerchiadawl i Fy Rhieni"* gan Ieuan yn dymuno'n dda iddynt, wedi'u hysgrifennu ar y dydd byrraf, 1837 (gweler y bennod o farddoniaeth Ieuan ab Iago, tud. 142). Mae'n cyfeirio atynt fel rhieni, mam a thad – nid llysfam a thad, er bod Evan James wedi ailbriodi ymhell cyn hyn. Tebyg nad yw cerddi Ieuan yn rhoi i ni dystiolaeth hanesyddol ddiogel bob amser!

Bu farw Evan James, y tad, ym 1856, flwyddyn cyfansoddi *Hen Wlad Fy Nhadau*, a'i gladdu yn Eglwys Sant Catwg, Gelli-gaer. Yr oedd bryd hynny, yn denant ar fferm Troed Rhiw Trwyn, un o ffermdai hynaf y Rhondda, yn eiddo i Stad yr Hafod. Saif y ffermdy oddi ar yr hen ffordd o Drehopcyn i Lwyncelyn. Yr oedd, felly, yn byw'n agos i Ieuan a'i deulu ym Mhontypridd. Bu farw ei (ail) wraig chwe blynedd yn ddiweddarach, a hithau'n 90 oed. Mae ffermdy Troed Rhiw Trwyn yna o hyd, wedi ei gadw'n hyfryd gan y berchenwraig bresennol a'i chroeso'n gynnes i ymwelwyr – pwy bynnag fedr ddod o hyd iddo!

O blith y brodyr dywedir bod o leiaf dri ohonynt yn wehyddion a chanddynt eu ffatrïoedd gwlân, sef Edward, David (Dewi ab Iago) a Ieuan. Yn ystod y bedwaredd-ganrif-ar-bymtheg yr oedd y teulu wedi ehangu eu cynhyrchu a masnachu gwlan ledled cymoedd y de-ddwyrain gydag Edward James a'i wraig Mary yn berchen melin wlan y ffatri yn Aberbargod ac ym Mhontypridd yr oedd Ieuan a'i wraig Elizabeth (Elizabeth arall – Jones oedd hon cyn priodi). Yr olaf o'r ffatrïoedd i oroesi oedd un Morgan James – saif yr adeilad o hyd ar lan afon Rhymni yng nghysgod pont reilffordd syfrdanol Maesycymer. Wn i ddim disgynnydd i bwy oedd Morgan James ond yr oedd yr *Established 1750* ar bapur swyddogol y cwmni yn awgrym go diogel o'r cysylltiad. Nid oedd ffatri wlân ar y safle ym Maesycymer tan rywbryd wedi 1841; 1750 oedd dyddiad sefydlu ffatri wreiddiol tad Evan James, tad-cu Ieuan, yng Nghaerffili.

Gwelir, hefyd, bod amryw ohonynt yn barddoni a bod tri o'r brodyr, John, Daniel a James, wedi ymfudo i'r Unol Daleithau.

Ym 1832 pan oedd Ieuan ab Iago yn 23 oed priododd Elizabeth Jones o Eglwysilan. Mae naws y llythyr isod wrth Lewis James yn awgrymu ei bod hi'n barchus ac annwyl yng ngolwg y teulu. Ond mwy na hynny, wyddom ni ddim llawer amdani, heblaw ei bod hi'n aelod ffyddlon o Gapel y Bedyddwyr Carmel, iddynt gael o leiaf saith o blant a'i bod hi'n ddynes o faintioli sylweddol! Y mae Ieuan ab Iago yn rhoi Argoed gyda'i enw wrth fôn ei gerddi cynharaf sy'n awgrymu mai yno yr oedd yn byw cyn priodi. Yn y blynyddoedd 1833-35 rhydd Aberbargod wrth ei enw ac yno yr oedd yn byw pan fedyddiwyd ei fab hynaf, James (Iago ab Ieuan), yn Eglwys San Catwg, Gelligaer, ym 1833, a Daniel ym 1835. Cofnodir mai gwehydd oedd Ieuan wrth ei alwedigaeth. Rwyn tybio i Daniel farw'n blentyn gan na cheir sôn amdano wedyn. Ym 1836 symudodd y teulu i fyw i'r Ancient Druid Inn, Argoed, y lle y bu'r hen deulu'n byw pan oedd Ieuan yn blentyn, ac o bosib am gyfnod byr cyn iddo briodi. Gan i Ieuan ddychwelyd yno wedi tyfu'n ddyn tebyg bod y teulu wedi dal gafael yn y dafarn a'r adeiladau o'i chwmpas – sef ffatri a bythynnod.

Yn ei lythyr i Evan a Blodwen James, y perthnasau yn Washington y cyfeiriwyd atynt eisoes, soniai'r Parch Gwilym Thomas am un arall o hen draddodiadau cyfoethog y teulu yn y cyfnod hwn: *"For many years Yr Hen Dafarn was the chief centre of the James's family. All the brothers kept in close touch with their sister, a grand annual feast was held* (bob Pasg) *at Yr Hen Dafarn known as Pasti'r Bont. This feast lasted for a week. The young people of the district came there night after night to have a good meal, and to sing and dance to the harp. Your grandfather* (sef Ieuan ab Iago) *attended the feast regularly."*

Clawr awdl Dafydd Morganwg i gofio Lewis, brawd Ieuan ab Iago

Y dafarn ym Mhontaberbargod, oedd *Yr Hen Dafarn*. Dywedodd Dr Emrys Thomas (mab Gwilym Thomas) mai Mary, oedd ddwy flynedd yn hŷn na Ieuan, oedd yn cadw'r dafarn. Ei gŵr, Thomas Lewis, oedd mab *Yr Hen Dafarn*. Yn ôl Gwilym Thomas, hanner milltir oedd rhwng y ffatri wlân a gedwid gan Edward a Mary James a'r dafarn, a daeth y dafarn yn ganolbwynt teulu'r Jamesiaid – y ferch yn cadw'r brodyr gyda'i gilydd. A phawb yn dod ynghyd bob Pasg i ganu, barddoni, dawnsio i sain tannau'r delyn, i wledda ac yfed cwrw cartref. Mewn stafell yn *Yr Hen Dafarn* ym 1870, gyda llaw, y cychwynnwyd achos Calfaria, Capel yr Annibynwyr, Aberbargod. Pan ddaeth y rheilffordd defnyddiwyd yr enw Bargod ar gyfer yr orsaf, ac o dipyn i beth aeth pentref Pontaberbargod hefyd yn Bargod. Aberbargod yw'r enw ar y rhan o Fargod ar ochr ddwyreiniol afon Rhymni oedd gynt yn yr hen Sir Fynwy.

Pontaberbargoed lle hynod y byd,
Pum tŷ tafarn sydd yno i gyd,
Dwy siop ragorol a gof a thŷ crydd,
Melin a phandy, tri jac a thri swydd.

Felly y disgrifiodd Lewis James, brawd hŷn Ieuan ab Iago, y pentref yn y cyfnod hwn. Mae'n amlwg bod Lewis a Ieuan yn bur agos at ei gilydd, o ran anian, diddordeb a daliadau, ac ni ddylid gwarafun iddo'i le yn y stori. Enillodd Dafydd Morganwg (David Watkin Jones, 1832-1905) am *Awdl Goffadwriaethol* i Lewis James, neu Iago Mynwy fel y cyfeirir ato, yn Eisteddfod y Rhos, Aberpennar, Nadolig 1867. Cyhoeddwyd yr awdl yn bamffled y flwyddyn wedyn. Mae'n arwydd o'r parch a oedd i Lewis James fod hanesydd a bardd o ddawn a safle awdur *Yr Ysgol Farddol* yn cystadlu ac yn llunio awdl er cof amdano. Mae'n llyfryn gwerthfawr nid yn unig am yr awdl ond am y bywgraffiad o Lewis James a geir ynddo. Nodir iddo gael ei eni yng Nghaerffili yn Awst, 1798. Cafodd addysg gynnar dda a gwnaeth y gorau o'i fanteision. Pan symudodd y teulu o Gaerffili ymroes ati i ddysgu crefft y crydd. Yn 22ain oed priododd Catherine Jones o Lanhiddel, ac ymsefydlu wedi rhai blynyddoedd yn Argoed. Tua'r un amser sefydlwyd Cymdeithas Cymeigyddion yng nghartref ei frawd, David James (Dewi ab Iago), Y Ffatri, Argoed. Cododd Lewis dŷ tafarn yng Nghwm Rhydderch, Glyn Ebwy, a elwid *Y Fotas* (The Boot) – tebyg bod yr enw yn deillio o'r ffaith ei fod yn dilyn ei grefft fel crydd yn yr un lle, fel y bu Ieuan ar wahanol adegau yn wehydd a thafarnwr.

Ym 1836, tua'r adeg y symudodd Lewis i Lyn Ebwy, ffurfiwyd Undeb Gwerfyl Gwrexham o Urdd y Gwir Iforiaid, cymdeithas ddyngarol Gymraeg ei iaith. Ymunodd ef â'r Undeb, a sefydlwyd cangen dan yr enw Dafydd ab Gwilym yn ei dŷ. Ym 1840, ymrannodd yr Undeb, un blaid dros Gwerfyl Gwrexham, a'r llall dros Undeb Dewi Sant, Caerfyrddin a bu Lewis yn huawdl ei gefnogaeth i garfan Wrecsam. Symudodd o Lyn Ebwy i Gwm Rhondda neu Bontypridd ac oddi yno i'r *New Inn* yn Aberpennar. Bu'n Warcheidwad Plwy effeithiol, hael ac uchel ei barch dros Undeb Merthyr a Phontypridd; ac yn ogystal â bod yn Iforydd bu'n aelod gweithgar o'r Odyddion. Bu'n bleidiol iawn i lenyddiaeth Gymraeg a llywyddai'n aml mewn Eisteddfodau a Chyfarfodydd Llenyddol. Petae ganddo arwyddair, medd y bywgraffiad, "Fy iaith, fy ngwlad, fy nghenedl" fyddai hwnnw.

Ym 1847 bu newid pwysig ym mywyd Ieuan pan ddaeth â'i deulu i Bontypridd. I Lewis y mae'r diolch am hynny. Onibai amdano ef, pwy a ŵyr a fuasai gennym heddiw ein Hanthem Genedlaethol? Derbyniodd Ieuan ac Elizabeth lythyr oddi wrth Lewis o *Pontybridd*, dyddiedig Medi 20, 1847:

Annwyl Frawd a Chwaer,
Hyderwyf eich bod oll yn iach fel ac yr ym ninnau yn bresennol. Yr achos or llythyr hyn yw fod y Factory lle yr oedd Thos Awstin idd ei rentu ac mae ei pherchen am i mi anfon y cynig i chwi. Mae eraill am dani yn daer. Ei phris yw £40 y flwyddyn. Bydd ty yn cael ei wneud a rhan o honi ac a fydd

yn llawn digon helaeth. Mae yma 1 Scribler 1 Carder 1 Tucker 3 Jack Nyddu ac un Scainer a fwrnais liwio a boiler golchi. Gwna T Awstin recomendo ei holl gustomers i chwi ac hefyd dengys i chwi pa le yr oedd yn prynu at wasanaeth y Factory. Y reswm iddo ei werthu oedd y swm fawr a gafodd am dani, £900, a deall nad oedd angen iddo ymdrechu llawer mwy gan fod ei deulu cyn lleied. Om ran fy hun

Y llechen ar swyddfeydd y cyngor yn Mill Street, lle'r oedd ffatri Ieuan ab Iago

meddwl wyf na chewch well cynig na hwn or natur hyn. Os byddwch yn meddwl gwerthu y Druid a chymeryd y Factory, nid wyf am eich perswadio i hyn er mwyn fy hun na neb arall, ond yn unig er eich mwyn chwi anwyl Frawd a Chwaer, ach teulu sydd yn codi, gan nas gwelwyf fod cystal lle yna i ddwyn y rai bach i fynu dan eich gofal wrth law ag sydd yma. Yr oedd Phillip Holland y gweudd yn talu £13 bob cwarter am nyddu i T Awstin, heb son am y farchnad sydd wrth y lle, ar gwaith gwlad, a chyfle i anfon i'r Pandu bob marchnad yn ddidraul. Ystyriwch hefyd taw nawr ywr tymor efallai goraf a welwch i werthu y Druid. Hyn yw yr hyn a ystyriwyf yn ddyledswydd arnaf eroch.

    Lewis James
        Carwn i chwi anfon atteb mor fuan ac y galloch.

Ymysg papurau a dogfennau eraill Ieuan ab Iago sydd yn y Llyfrgell Genedlaethol (cyfrol 15) yn Aberystwyth ceir copi drafft o gytundeb a wnaed rhwng Ebenezer Williams, bragwr, ac *Evan James, publican and woollen-manufacturer*, sy'n dangos i Ieuan gymryd ar rent o £45 y flwyddyn, am dymor o 14 mlynedd yn dechrau ar Dachwedd 1, 1847, yr *Woollen Manufactory and residence situated in Mill Street in Newbridge aforesaid together with the stock and plant and other implements of the trade.* Sylwer bod Lewis James yn sgrifennu o *Pontybridd* ond *Newbridge* yw'r enw ar y cytundeb. Bu llawer o ddadlau pa enw yw'r gwreiddiol. Tebyg y defnyddid y ddau yr un pryd, y naill gan siaradwyr Cymraeg, y llall gan y di-Gymraeg.

Mae'r dyddiad 1735 ar fur tafarn y *Newbridge Arms* yn y Trallwm, Pontypridd, yn awgrymu bod yr enw *Newbridge* yn hen, yn hŷn na phont enwog William Edwards a gwblhawyd ym 1765. Yr oedd pont bren ar draws afon Taf yn uwch i fyny'r dyffryn ac at honno, mae'n rhaid, y cyfeiria enw'r dafarn. Ond mae'r enw Pont-y-tŷ-pridd yn hŷn eto. O gwmpas 1700 anfonodd Edward Llwyd holiadur i glercod cynghorau plwyf Cymru. Ymholodd yn arbennig am bontydd y plwyfi. Cafodd ateb gan glerc Aberdâr – oedd yn cynnwys Llanwynno – yn nodi bod un pen o'r plwyf bont a elwid Pont-y-tŷ-pridd. Daeth ateb hefyd oddi wrth glerc Cyngor Plwyf Llanilltud Faerdref, ac yr oedd ei restr yntau'n cyfeirio at bont o'r un enw. Gan mai afon Rhondda fyddai'r ffin rhwng y ddau blwyf ymddengys yn debygol iawn mai pont ar draws afon Rhondda, rywle'n agos i'w chymer â Thaf oedd Pont-y-tŷ-pridd. Yn sicr nid pont William Edwards. Ond wedi cyfnod byr iawn ymddengys fod yr enw Pont-y-tŷ-pridd rywsut wedi llithro draw i bont William Edwards fel y dengys yr englynion i Bont-y-tŷ-pridd gan Edward Ifan o'r Ton Coch (1716 – 1798).

Er nad oes modd gwybod yn union pryd sgrifennodd Edward yr englynion, nid oes unrhyw amheuaeth nad pont William Edwards oedd y gwrthrych.

Wrth gwrs, y **Newbridge** *Chain and Anchor Works* oedd enw gwaith Brown Lenox a sefydlwyd ym 1818, a *Newbridge* oedd enw'r orsaf dren a agorwyd ym 1840, a *Newbridge* oedd yr enw ar fapiau'r cyfnod. Ond nid Cymry oedd yn gyfrifol am y penderfyniadau hynny. Postfeistr Pontypridd, Charles Bassett, a gafodd lond bol ar lythyrau'n mynd ar goll rhwng y gwahanol drefi o'r enw *Newbridge* benderfynodd fabwysiadu'r enw Cymraeg Pontypridd yn enw swyddogol, ac unig enw, y dref. Ac ym 1856, blwyddyn cyfansoddi *Hen Wlad Fy Nhadau*, y gwnaeth ei benderfyniad. Ond digon am hynny, ym 1847 daeth Ieuan ab Iago a'i deulu i fyw i Bontypridd, i ferw diwylliannol bywiog a lliwgar. Yr oedd y berw diwydiannol eto i ddod.

Pontypridd ganol y 19eg ganrif

Yr oedd enw Ieuan ap Iago'n adnabyddus cyn iddo gyrraedd y dref a gysylltwn bennaf â'i enw. Ceir ymysg ei lawysgrifau yn y Llyfrgell Genedlaethol ddwy gerdd yn ei groesawu i'w gartref newydd ym Mhontypridd. Fel hyn y cychwynnodd Eos y Dyffryn ei *Groesawgerdd i Mr Evan James ar ei Ddyfodiad i Bont-y-tŷ-pridd:*

> *Hawddamor fad ddedwyddawl ddydd*
> *Y deuaist Ieuan, fywlon fardd,*
> *Ab Iago i drigo'm Mhontypridd –*
> *Am hyn o'i mewn llawenydd dardd.*

Tref gymharol newydd yw Pontypridd, o'i chymharu â threfi cyfagos Merthyr Tudful ac Aberdâr. Pan gwblhaodd William Edwards ei bont enwog ym 1756 – rhyfedd i ddau

Pont enwog William Edwards a gwblhawyd ym 1756, ganmlynedd cyn cyfansoddi'r anthem

ddigwyddiad mor hanesyddol arwyddocaol ddisgyn ganrif union i'w gilydd – nid oedd yma ond gwlad goediog a dyfroedd gloywon Taf yn byrlymu hyd ei gwely. Sefydlu gwaith cadwyni enwog Brown Lenox yn 1818, wrth ochr y gamlas o Ferthyr i Gaerdydd, roes gychwyn i'r dref. Yr oedd Trefforest, lle roedd gwaith haearn ym 1803 a lle daeth Francis Crawshay wedyn i oruchwylio gweithiau tun a haearn ei dad, wedi tyfu'n gynt a chyflymach. Agor y rheilffordd o Gaerdydd i Ferthyr oedd y cam nesaf yn natblygiad Pontypridd ym 1840. Gyda suddo mwy a mwy o byllau glo yng Nghymoedd Rhondda tyfodd Pontypridd yn arswydus o gyflym wedi 1880 a daeth mewnlifiad o Saeson ac estroniaid na welwyd ei debyg yn un o drefi'r De diwydiannol. Erbyn diwedd y ganrif yr oedd 300 o drenau y dydd yn mynd drwy orsaf fyglyd, swnllyd Pontypridd. Erbyn 1901 yr oedd poblogaeth Pontypridd wedi dyblu.

Llifodd canran uchel o Gymry-Cymraeg o gefn gwlad i Ferthyr pan gychwynnodd gweithiau haearn Merthyr a Dowlais ym 1758, ac i Gwm Cynon gyda chychwyn Ffwrnais y Garn ym 1762, gyda ffwrneisi bychain eraill yn dilyn a wedi hynny weithiau haearn mawr Llwydcoed (1799) ac Aber-nant (1800). Ac yng Nghymoedd Rhondda roedd dynion eraill yn suddo'r pyllau glo. Yr oedd y Gymru wledig yn mynd yn hesb o ddynion a merched oedd am fentro, neu angen mentro, i Bontypridd pan ddaeth twf mawr diwedd y bedwaredd-ganrif-ar-bymtheg. Ond yr oedd y mewnlifiad o Loegr ac Iwerddon yn enfawr – yn enwedig i bentrefi fel Trefforest gyda'i gymuned Wyddelig a'i eglwys Babyddol fawr. Pontypridd, erbyn cychwyn yr ugeinfed ganrif, oedd y fwyaf Seisnig o drefi Morgannwg.

Eto, fel y dangosodd Thomas Evans yn *The History of Miskin Higher*, nid yw'r braslun arferol o Bontypridd ym 1842

Hen lun o bont y rheilffordd ar draws afon Rhondda. Ymhlith yr adeiladau sy'n cefnu at yr afon mae ffatri Ieuan ab Iago.

fel pentre o dai gwasgaredig, gydag efail, tafarn, siop a melin yn hollol gywir, 'chwaith. Dengys hen lyfrau treth Llanwynno bod ym 1842, 35 o dai a siopau yn Market Street, 64 yn Taff Street, 17 yn Bridge Street, 13 yn Crossbrook Street a 55 yn Mill Street yn ogystal â nifer o dafarnau, gofaint, seiri a seiri ceirt, un lladd-dy ac amryw o ffermydd. Yn *The Rise and Progress of Nonconformity in Pontypridd and District* yr oedd y Parchedig Benjamin O. Davies yn amcangyfrif yn deg iawn na fedrai'r rhan o Bontypridd oedd yn y plwyf a elwid Hafod Ddriniog fod yn fwy na 3,400 o boblogaeth, gan gynnwys plant, ym 1861. O ychwanegu'r darnau o'r dref oedd ym mhlwyfi Llantrisant, Llanilltud Faerdref ac Eglwysilan, meddai, ni fedrai poblogaeth y dref fod yn fwy na 4,000. Wedi hynny tyfodd Pontypridd yn rhyw fath o dref ar y ffin, rhwng yr hen bentrefi a'r ffermydd Cymraeg eu hiaith a'r newydd-ddyfodiad Saesneg eu hiaith.

Llwyddodd yr hen bentrefi o gwmpas Pontypridd i

gadw'u Cymreictod am hir. Cofiaf alw yn siop Pentyrch yn y 1970au a phawb yno'n siarad Cymraeg – nid pobl ddwâd, ond hen drigolion y pentre gan gynnwys y siopwr, pob un yn siarad y Wenhwyseg. Rwyn cofio tafarnwraig y Brynffynnon, Llanwynno, yn siarad Cymraeg ac amryw – rhai ohonynt yn fyw o hyd – o Gymry-Cymraeg cynhenid yn Llanilltud Faerdref. A pharhaodd Cilfynydd ac Ynysybwl yn ynysoedd o Gymreictod bron hyd heddiw. Ganol y 19eg ganrif, pan ddaeth Ieuan ab Iago a'i deulu i Bontypridd, yr oedd yr ardaloedd hyn yn gwbl Gymraeg eu hiaith. Ac yn siarad yr un iaith â nhw oedd dosbarth o grefftwyr a masnachwyr Cymraeg ddaeth a'u diwylliant a'u hasbri egsentrig gyda nhw i'r dref – rhai yn gyfoeswyr Ieuan ab Iago, eraill o'i flaen ac ar ei ôl. Gyda hwy daethant a bywiogrwydd meddwl a gweithgarwch llenyddol aruthrol. Fel y dywedodd Huw Walters yn *Merthyr a Thaf* daeth y cyfarfod llenyddol a'r Eisteddfod yn sefydliadau o bwys yn y trefi a'r pentrefi diwydiannol. Gyda'r bobl ddŵad hyn daeth adfywiad llenyddol i fro'r triban, y delyn, y noson lawen ynghyd â hwb fawr i'r Eisteddfodau, yn fawr a mân. Ar ben hynny, rhoes twf a datblygiad y wasg gylchgronol a newyddiadurol ym Merthyr, Aberdâr a Phontypridd gyfle iddynt gyhoeddi eu gwaith.

Ymysg y newydd-ddyfodiaid i Bontypridd yr oedd pobl fel Gwilym Morganwg (Thomas Williams), mab i felinydd o Landdeti, Sir Frycheiniog, a ddaeth i Bontypridd tua 1807, fu'n cadw tafarn enwog y New Inn hyd ei farw ym 1835. Yr oedd cysgod Iolo Morganwg yn drwm dros weithgareddau'r cymeriadau hyn. Yr oedd Iolo wedi'i gyfareddu gan y Garreg Siglo – neu y Maen Chwŷf fel yr enwodd hi – a saif ar gomin Coedpenmaen uwchben Pontypridd. Dwy garreg fawr a gludwyd gan un o'r

Y Maen Chwŷf ar Gomin Coedpenmaen

rhewlifoedd a'u gollwng, un ar ben y llall, wrth i'r iâ gilio, yw'r Garreg Siglo ac o neidio'n egnïol arni mae'n bosib o hyd pery i'r un uchaf siglo mymryn bach. "Barn y rhan fwyaf yw mai gorsedd Dderwyddol ydoedd yn yr amser gynt" sgrifennodd Gwilym Morganwg – yn ddiau'n adleisio barn Iolo – mewn llythyr yn *Seren Gomer*, Chwefror 8, 1815. Cynhaliodd Iolo ddwy Orsedd ar y Maen Chwŷf ym 1814, un yn Awst a'r llall ar Ragfyr 21, a threfnodd un arall yno ym 1817.

Flwyddyn wedyn trefnodd Iolo Orsedd ar dir yr Ivy Bush yng Nghaerfyrddin yr un adeg ag Eisteddfod Daleithiol Caerfyrddin a chlymu'r ddau sefydliad yn annatod wrth ei gilydd am byth wedyn. Yn Eisteddfod Caerfyrddin y daeth Gwilym Morganwg i amlygrwydd cenedlaethol fel Ceidwad y Cledd. Ond ym Mhontypridd, yn nhafarn y New Inn y teyrnasai, cyrchfan beirdd yr ardal a lle cynhelid eisteddfodau achlysurol. Bu ganddo ran allweddol yn sefydlu Cymdeithas

Cymreigyddion y Maen Chwŷf ddechrau'r 1830au, cymdeithas a drefnai ei heisteddfodau ei hun gan ddenu cystadleuwyr fel Aneurin Jones (Aneurin Sion neu Aneurin Fardd) a anfarwolwyd gan un o feirdd Pontypridd yn y llinell gofiadwy, *Aneurin Sion, yr hen shit*. Yr oedd Aneurin Fardd yn gyfaill i David Bevan, tad Aneurin, oedd yn Gymro Cymraeg ac eisteddfodwr pybyr. Mae'n dra thebyg mai ar ôl Aneurin Fardd yr enwyd y gwleidydd enwog. Ymysg eraill o gystadleuwyr brwd yr eisteddfodau hyn oedd Gwilym Llanwynno (Thomas Evans) a Meudwy Glan Elái (Evan Richards).

Denwyd y rhyfeddol Ddoctor William Price, genedigol o Dynycoedcae, ger Machen, Sir Fynwy, hefyd, i Bontypridd. Cofir yn bennaf fel y bu iddo gyfreithloni corff-losgiad, ond haedda'i goffáu lawn cymaint am ei waith arloesol yn sefydlu gwasanaeth meddygol i lowyr a gweithwyr yn Nhrefforest a Phontypridd, gwasanaeth a efelychwyd gan Gymdeithas Cymorth Feddygol Tredegar. Ar hwnnw, maes o law, y seiliodd Aneurin Bevan ei wasnaeth iechyd. Yr oedd Price yntau dros ei ben a'i glustiau mewn cariad â derwyddiaeth, er nad oes tystiolaeth iddo gael ei urddo'n aelod o unrhyw Orsedd erioed. Ffromodd yn enfawr pan gymerodd Ieuan Myfyr (Myfyr Morganwg) y teitl Archdderwydd ym 1849, oherwydd yr oedd Price wedi hawlio'r teitl iddo'i hun cyn hynny. Bu hyn yn achos rhwyg yn y frawdoliaeth, rhywbeth a ddigwyddodd eilwaith pan fu farw'r Myfyr ym 1888 ac y gwisgodd Morien (Owen Morgan) y fantell. O ganlyniad, arferai Doctor Price gynnal ei ddefodau ei hun ar y Maen Chwŷf. Awgrymwyd o dro i dro bod rhyw resymau seicolegol dros arferion egsentrig y bobl hyn – adwaith yn erbyn y Seisnigeiddio a gweld Cymreictod a'r hen ffordd Gymreig yn edwino. Caiff eraill farnu.

Gwneuthurwr ac atgyweirwyr clociau oedd Ieuan Myfyr (Edward Davies). Tystia ei lyfrau nodiadau yn Llyfrgell Ganolog Caerdydd, a'r cloc o'i waith sydd yn Amgueddfa Pontypridd, i'w ddawn a'i allu fel crefftwr. Ond yr oedd ei ddiddordebau'n llawer ehangach na hynny. Cafodd ei urddo'n Fardd gan Taliesin ab Iolo (Taliesin Williams, mab Iolo Morganwg) mewn Gorsedd ar y Maen Chwŷf ym 1834 a'i urddo gan Cawrdaf yng Ngorsedd y Bont-faen ym 1839. Yr oedd yn elyn anghymodlon i'r mudiad dirwest ac enynnodd ei wrthwynebiad i lwyrymwrthod lid y Parch John Jones (Jones Llangollen) a bu dadl gyhoeddus rhwng y ddau yn Llantrisant yn Nhachwedd 1842. Cymedroldeb oedd piau hi, yn ôl y Myfyr. Daeth i Bontypridd tua 1846 gan sefydlu ei siop a'i weithdy yn Mill Street, y stryd lle'r oedd y ffatri a gymerodd Ieuan ab Iago y flwyddyn wedyn. Gwobrwywyd Aneurin Fardd yn Eisteddfod y Maen Chwŷf, Awst 10, 1846, am gerdd groeso i Ieuan Myfyr i'r dref. Yr oedd Myfyr yntau yn olyniaeth Iolo Morganwg ac wedi ei swyno gan ramant Derwyddiaeth yn ogystal ag ymddiddori mewn Eifftoleg a Hindŵiaeth a cheisio gwau'r cyfan, gyda dogn o Gristnogaeth, yn gybolfa ryfedd.

Pan fu farw Taliesin ab Iolo a Charnhuanawc (Thomas Price) collodd Gorseddogion ac Eisteddfodwyr Morgannwg a Gwent eu harweinwyr diwylliannol a Myfyr oedd y gŵr lamodd yn frwd i'r adwy. Mewn blynyddoedd i ddod hawliai fod gan Orsedd Cadair Morganwg, ar sail ei chysylltiad uniongyrchol â Iolo Morganwg, awdurdod uwch na Gorseddau'r Eisteddfodau Taleithiol a hyd yn oed Orsedd yr Eisteddfod Genedlaethol. Ym 1849 aeth ef a'i gyfeillion ati i dacluso Cylch y Maen Chwŷf, pryd y gosodwyd dau gylch o feini, un o fewn y llall, o'i gwmpas ynghyd â 37 o feini hirion ar ffurf sarff yn arwain at gylch cerrig arall. Yno cyhoeddodd

The New Inn, Aberpennar. Bu Lewis James, brawd Ieuan ab Iago, yn cadw'r dafarn hon.

fod gan Orsedd a Chadair Morgannwg awdurdod dros holl orseddau Beirdd Ynys Prydain ac y cynhelid cyfarfod o feirdd a derwyddon ar y safle y flwyddyn wedyn. Hynny a wnaed, ac ym 1850, ar Alban Hefin – yr enw a fathodd Iolo Morganwg am ganol haf (Summer Solstice) – gweinyddodd Ieuan Myfyr, a fabwysiadodd iddo'i hun yr enw barddol Myfyr Morganwg ym 1853, ar ei gyfarfod cyntaf fel Archdderwydd yr orsedd. Gorymdeithiodd y "beirdd trwyddedog, ac yn eu plith Myfyr Morganwg a gariai'r cleddyf, Gwilym Ilid (William Jones), Nathan Dyfed (Jonathan Reynolds), Dewi Haran (David Evans) a Ioan Emlyn (y Parchedig John Emlyn Jones) ynghyd â phersonau anrhydeddus eraill … yr ofyddion a'r llenorion cyfrifol eraill" o'r *New Inn* i'r Maen Chwŷf yn dorf fanerog, ysblennydd. Agorwyd yr Orsedd yn ôl "defod y beirdd" gan Myfyr a adroddodd Weddi'r Orsedd – y tro cyntaf, medd y cyn-Archderwydd Geraint Bowen, iddi gael ei hoffrymu

Y Llanover Arms, un o dafarnau beirdd Pontypridd ac, o bosib, tafarn a gadwyd gan un o frodyr Ieuan ab Iago.

mewn Gorsedd. Cymeradwywyd Gwyddonwyson (David Rhys Stephens), gweinidog gyda'r Bedyddwyr yn Aber-carn i Urdd Derwydd ac urddwyd pump yn Feirdd, yn eu plith Ieuan ab Iago a'r toreithiog Ddewi Wyn o Essyllt (Thomas Essile Davies). Yr oedd Dewi Wyn o Essyllt, yn wreiddiol o Ddinas Powys, yn un arall o'r dosbarth hwnnw o fasnachwyr a symudodd i Bontypridd i elwa ar brysurdeb y cymoedd diwydiannol er mai rhai blynyddoedd wedi gorsedd 1850 y daeth i fyw i'r dref. Ymysg ei wahanol alwedigaethau bu'n felinydd a siopwr. Syrthiodd yn farw, yn ddisymwth, yn yr Hewitt Arms, Penycoedcae, ym 1891.

Yr oedd Pontypridd, yng ngeiriau Harri Webb, yn ganolfan "dwli blasus a chyfoethog Derwyddiaeth", fel y cyflwynwyd hi gan ddilynwyr crediniol Iolo, dynion llai yn meddu ei holl wendidau ond heb ddim o'i fawredd.

Llwyddodd Ieuan ab Iago, yn ôl Harri, i osgoi'r maglau hyn. Nid felly. Oherwydd yr oedd Ieuan yno ar y Maen Chwŷf ym 1850 yn cael ei urddo'n Fardd gan Myfyr Morganwg. Nid yn unig hynny, yn y cyfarfod canlynol yr oedd yn annerch y gorseddogion oddi ar y Maen Chwŷf gydag awdl fer (gweler y bennod o'i farddoniaeth, tud. 120). Yn ôl Dilwyn Miles, yr oedd ei fab Iago ab Ieuan ymysg pymtheg o rai eraill a urddwyd yn ofyddion.

Tra bu Iolo, Taliesin ab Iolo a Myfyr Morganwg a'u Dderwyddon yn cynnal eu gwyliau cyhoeddus "yn wyneb haul, llygad goleuni" o gwmpas y Maen Chwŷf yr oedd y beirdd yn llawen gyfarfod, hefyd. Anodd gwybod pa un ddaeth gyntaf, y beirdd neu'r Orsedd. Wedi'r cwbl, ers degawdau bu'r beirdd yn cyrchu tua Phontypridd o Gwm Taf, Eglwysilan, Llanfabon, Cilfynydd, Llantrisant a Chymoedd Rhondda. Diau bod y beirdd yn ystyried bod rhwysg Gorsedd y Maen Chwŷf yn ychwanegu at eu hurddas. Yn cyd-redeg â'r gweithgarwch derwyddol hwn yr oedd bywiogrwydd *Clic y Bont*. "Greddf yr haid brydyddol a'u tynnai at ei gilydd," meddai John Dyfnallt Owen. Math o Glwb Awen a Chân oedd *Clic y Bont*. Soniais eisoes am y gymdeithas a arferai gyfarfod yn y New Inn a'r Eisteddfodau a gynhelid yno yng nghyfnod Gwilym Morganwg. Mewn Eisteddfod yn y Fairoak ym 1852, un o dafarnau Trehafod, rhwng Pontypridd a'r Porth, yr enillodd Ioan Emlyn rai sylltau'n wobr am *Bedd y Dyn Tylawd*, cân enwog yn ei chyfnod a gynhwyswyd gan W. J. Gruffydd yn *Y Flodeugerdd Gymraeg*.

Wrth i'r boblogaeth dyfu a'r capeli luosogi aeth y Cyfarfodydd Llenyddol a'r Eisteddfod fwyfwy'n rhan o fywyd y capel. Daeth y pregethwyr i gymryd yr awenau fel beirdd a beirniaid a disodlwyd yr hen gymwynaswyr ffraeth. Ys dywedodd Dyfnallt – tipyn o ddweud o ystyried iddo fod yn weinidog Sardis, Capel yr Annibynwyr, Pontypridd –

"Aeth yr Eisteddfod i'r Capel: arhosodd y delyn yn y dafarn, a bu hyn yn drychineb yn hanes dawn parod y beirdd, penillion telyn a chaneuon gwerin." Ond ni chollodd aelodau ffraeth *Clic y Bont* eu hwyl na'u hasbri. Y New Inn a'r Llanofer Arms oedd ei cyrchfan – yr oedd y delyn, gyda llaw, yn cael ei chanu ar nos Wener yn y Llanofer mor ddiweddar a'r 1930au. Myfyr Morganwg, Dewi Wyn o Essyllt, Dewi Haran ac Ap Myfyr oedd y ceffylau blaen yng nghyfnod cynnar y *Clic* a diau bod awdur ein hanthem, Ieuan ab Iago a'i chyfansoddwr Iago ab Ieuan, yn eu plith. Gwŷr amlwg y cyfnod olaf oedd Dewi Alaw (Dewi Davies), Brynfab (Thomas Williams) a Charnelian (Coslett Coslett). Yr oedd Dewi Alaw, er byw mewn tlodi ac annibendod mawr tra'n ceisio ennill ei fara beunyddiol yn hwcstera, yn glamp o athrylith, yn fardd yn y mesurau caeth ac englynwr campus, a cherddor o ddawn diamheuol.

Nid da gan bawb y *Clic*. Credir mai Mabonwyson (William Henry Dyer), nad oedd yn boblogaidd iawn yn eu golwg, a'u henwodd yn *glic*. Bu Mabonwyson yn y coleg yn 'cymhwyso' ei hun ar gyfer y weinidogaeth ac oherwydd hynny nid oedd llawer o groeso iddo ymysg y *Clic*. Fel hyn, yn nhafodiaith swynol y fro, yr enllibiodd rai ohonynt:

"Dewi Wyn o Essyllt yn ciatw ticyn o shop yn Llanfana, dim ond sepon a thriacl odd ganddo fa, a'i hen shop e i gyd yn y ffenast. Dewi Haran, cetyn o dilwr a ochshwner, a gwêd celwdd odd i waith a, a fe wertha'i fam am ddima. Dewi Alaw yn hwcstera ar hyd y Bont, a hen geffyl a chart brynws y Clic iddo fa, a'r hen geffyl mor dena fel y gallech ware tiwn ar i asenna fa. Carnelian, rhyw dicyn o golier yn gwitho mewn lefel fach ar ochr y Graig Wen, a ddim yn torri dicon o lo i giatw tân barbwr i fynd; a Brynfab yn ciatw tamaid o ffarm ar ochr Mynydd Eglwysilan y gallwn i chuddio hi a'm het."

Fferm Hendre Prysor uwchben Rhydfelen oedd fferm Brynfab, o'r lle y daeth y twlc crwn o gerrig sychion sydd yn Amgueddfa Sain Ffagan. Gwisgai'r Mabonwyson het o faint sylweddol â chantel fel ymbarèl iddi a bu'r het yn destun hwyl i un o'r beirdd:
> Yn ei het mae'i awen o – a gwesgir
> O dan gysgod honno
> Bethau od, mae'n gwb a tho,
> Barilau, ac ymbarelo.

Tynnwyd coes Mabonwyson yn ddidrugaredd gan aelodau'r clic. Mynegodd fwriad lawer gwaith i fynd i America i weld ei gefndryd, ac ym 1875 cynhaliodd y *Clic* Eisteddfod yn ei enw yn y Malster's Arms, Pontypridd. Roedd pob testun yn ymwneud â Mabonwyson; galar y genedl ar ei ôl, ei ymadawiad, ei fordaith, llawenydd yr Americaniaid o'i ddyfodiad i'w plith – hyd yn oed marwnad pe digwyddai iddo foddi ar y ffordd! Gan nad oedd Mabonwyson eto wedi ymadael â'i wlad gwahoddwyd ef i fod yn feirniad ar y cyfansoddiadau. Aed ymhellach, cynigiwyd elw'r eisteddfod iddo – hwyrach yn y gobaith y byddai hynny'n anogaeth iddo fynd i America – ond gan fod y swm cyn lleied, "ffromodd ... yn aruthr, ac ni fynnai mohonynt". O ganlyniad, yn ôl adroddiad ffraeth yn *Y Gwladgarwr*, trowyd yr elw'n ginio "ac os ysbeiliwyd llogell Mabon – fe lanwyd ei gylla." Hyd y gwn nid aeth erioed i America, felly mae'n annhebyg mai ef oedd y gŵr adawodd ei wlad gan adael ar ei ôl ddyled am bedair ham ac ysbrydoli awen y *Clic*:
> Fe roes y gŵr *frysiog gam – O'r adyn!*
> *Fe redodd ar garlam*
> *Dros y lli, gorgi gwyrgam –*
> *Ffoadur oedd â phedair ham.*

Ddiwedd y bedwaredd-ganrif-ar-bymtheg medrai Dewi Alaw restru ffugenwau 139 o feirdd fu byw ym Mhontypridd a'r cylch er 1850. Yr oedd, dylid nodi, sawl gradd o ddoniau ymysg y 139 hynny – Rhigymwyr, Tribanwyr, eraill yn Feirdd at Iws Gwlad, a'r dosbarth gorau, *o'r un waed â'r Awen wir.*

Cadwodd Glanffrwd (William Thomas), yr athro, gweinidog a chlerigwr, ei gysylltiad â *Chlic y Bont.* Hynny, er ei addysg ac iddo grwydro Cymru a thu hwnt. Rhoddodd ddisgrifiad rhamantus o'r ardal a'i thrigolion fel ag yr oedd cyn dyfodiad y chwyldro diwydiannol, yn ei glasur *Plwyf Llanwynno, yr Hen Amser, yr Hen Bobl a'r Hen Droion*:

Ow! Fy hen Llanwynno, goddiweddwyd dithau o'r diwedd gan draed y gelyn! Sathrwyd ar gysegredigrwydd dy gaeau prydferth, gyrrwyd dy adar perorus ar encil, gweryrodd y meirch tanllyd, ac ysgrechodd fel mil o foch ar dy lanerchau heirdd! Mor deg, mor dawel, mor bur, mor ddistaw, mor annwyl oeddit cyn i'r anturiaethwyr durio dy fonwes! Ond yn awr, yr wyt fel – wel, fel pob lle y mae glo ynddo!

Ac adleisio agwedd Glanffrwd at effeithiau diwydiant ar y fro yr oedd amryw o'r *Clic*. Fel y beirniad craff a'r bardd ffraeth a dawnus Brynfab. Mae ei nofel, led hunan-gofiannol, *Pan Oedd Rhondda'n Bur,* yn ddarlun rhamantus o gwm amaethyddol, diarffordd, Cymraeg ei iaith.

"Nythaid o adar oedd *Clic y Bont,*" meddai Dyfnallt. "Brith ddigon oedd lliw aml un ohonynt. Cras oedd eu lleisiau ambell waith. O ran buchedd, bohemiaid; o ran credo, paganiaid yn yr ystyr esthetig, ond yn ymffrostio eu bod yn olyniaeth yr hen brydyddion, yn meithrin chwaeth at linell a chwpled, a phorthi'r nwyd anfarwol oedd yng nghalon y Cymry gynt at chwedl a chân, cainc ar delyn a chymdogaeth dda rhwng eneidiau cydnaws eu bryd."

Ni ellir ffarwelio â *Chlic y Bont* heb gyfeirio at ddawn yr

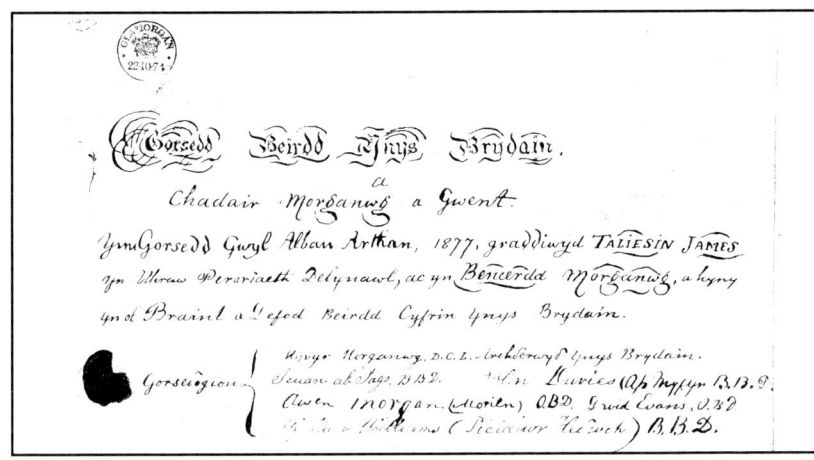

Tystysgrif Taliesin James wedi ei harwyddo gan Myfyr, Ieuan a Morien, y tri am arddel y radd BBD

englynwr Carnelian a'i englynion, hiraethus am *Feirdd y Bont*.

> *Beirdd y Bont o bridd y bedd – a glywir*
> *Â gloyw arabedd*
> *Yn galw 'nawr uwch glyn hedd*
> *Am egwyl o edmygedd.*

> *Beirdd y Bont, heb euraidd bin, – eu hanes*
> *Sy 'nghronicl y Werin;*
> *Ac o'u ffrydiau cyffredin*
> *Ni bu erioed gân yn brin.*

Ar sail llawer o gynnyrch rhamantaidd gydol ei oes gwelir cariad dwfn Ieuan ab Iago yntau at ei hen fro wledig er nad oedd ei agwedd tuag at y diwydiannu newydd mor negyddol a'r lleill. Wedi'r cwbl, yr oedd diwydiant yn dod a phobl, a phobl yn dod a busnes. A dyn busnes oedd Ieuan ab Iago.

Cychwynnodd gwyliau Derwyddon Morgannwg o gwmpas y Maen Chwŷf dan arweiniad Myfyr Morganwg ym

1850. Yna, ym 1851, ordeiniwyd gweinidog ieuanc o'r enw Henry Oliver yn weinidog Sardis, Capel Cymraeg yr Annibynwyr ym Mhontypridd. Yr oedd yn ŵr gradd o Brifysgol Llundain – yn un o'r ddau Gymro cyntaf i lwyddo yn hynny o beth. Yr oedd yn alluog, dawnus, yn Ymneilltuwr pybyr, yn bregethwr huawdl a diwygiwr. Ni fedrai ddygymod â miri'r comin ac aeth ati i ddinoethi'r ofergoeliaeth. Ffyrnigodd y Myfyr a heriai'r Parchedig. Ymatebai Oliver; bygythiai Myfyr farn y duwiau ar ei ben. Cyhoeddodd Oliver ei her i'r duwiau wneud ei gwaethaf. Yn ôl Dyfnallt, "pylodd yr haul ar y Comin; y pulpud yn ennill a'r Garreg Siglo'n colli; dechreuodd swyn Derwyddiaeth golli ei afael ar y beirdd a megis y bu yng Ngroeg, canodd y beirdd yn iach i'r hen ffydd yn yr hen dduwiau."

Eto, ymddengys na fu mor syml nac mor hawdd a hynny. Er mawr ofid i weinidogion ymneilltuol Taf a Rhondda parhaodd Myfyr Morgannwg a'i ddilynwyr i gynnal eu seremonïau o gwmpas y Maen Chwŷf am yn agos i ddeng mlynedd ar hugain. Aeth B. D. Johns (Periander) yn ei *Early History of the Rhondda Valley: Baptist Centenary, Pontypridd 1810 – 1910* cyn belled a honni bod y don o dderwyddiaeth newydd a sgubodd dros yr ardal rhwng 1866 ac 1876 wedi achosi dirywiad mawr yn nifer aelodau'r capeli. A meddai Thomas Evans yn *The History of Miskin Higher*: "In 1859, the year of the great revival, the membership at Carmel under the Rev Edward Roberts, D.D. was 329 and in 1860 it rose to 394. The following year, a wave of modern Druidism swept through Pontypridd, depriving the churches of many members. It took many years to repair the loss." Ysgrifennodd D. M. Williams mewn llythyr yn *Y Gwladgarwr (Cyfarchiad at weinidogion Pontypridd a'r cylchoedd)*, Gorffennaf 2, 1875, yn galw am gyfarfod o weinidogion y dref i drafod beth ellid ei wneud â'r rheini oedd "yn hau hadau anffyddiaeth, a phlannu egwyddorion gwrthfeiblaidd yn meddyliau rhai gweiniaid ac ieuainc." Ac yr oedd y Parch R. G. Hughes, Gweinidog Capel Rhondda, yn sgrifennu yn *Llawlyfr Cyfarfod Blynyddol Undeb Bedyddwyr Cymru a Mynwy* a gynhaliwyd yn Y Tabernacl, Pontypridd, Medi 9 – 12, 1935, "Bu'r Derwyddon o gryn ddylanwad yn yr ardal; ond diflannodd eu dylanwad ers blynyddoedd".

Bu farw Myfyr Morganwg ym 1888. Ei olynydd oedd Morien (Owen Morgan), newyddiadurwr dawnus a galluog gyda'r *Western Mail* ac awdur *History of Pontypridd and District* ynghyd ag amryw gyfrolau, Cymraeg a Saesneg, rhyfedd a charlamus am dderwyddiaeth. O hyd braich y cyfathrachai Morien â'r Clic, meddai Dyfnallt. Yr oedd y beirdd wedi graddol droi cefn ar yr hen Dderwyddiaeth, ac ni fedrai Morien faddau iddynt am hynny. Urddwyd Morien yn aelod o Orsedd y Beirdd yn Eisteddfod Wrecsam ym 1888 gyda'r enw *Gwyddon Tir Iarll,* yn y gobaith, awgryma Huw Walters, y byddai'n rhoi heibio'r teitl Archdderwydd. Yn ofer. Parhaodd Morien i gynnal Gorsedd y Maen Chwŷf. Er hynny, caniatawyd iddo ran amlwg yng ngweithgareddau Gorsedd yr Eisteddfod Genedlaethol pan ddaeth honno i Bontypridd ym 1893. Daeth traddodiad Derwyddol Pontypridd wedi bron 120 mlynedd i ben pan fu farw Morien ym 1921. Yr oedd Derwyddiaeth Pontypridd *"gwedi marw gyda Morien".* Mae hanes am blant yn carlamu tua'r comin ar ôl oedfa neu Ysgol Sul yn Y Tabernacl i wylio'r Derwyddon yn cynnal eu defodau dan arweiniad Morien – "mwy o hwyl na bod yn y capel". Dylid nodi, hefyd, bod Dr William Price yn cynnal ei ddefodau ei hun ar y Maen Chwŷf, ac yr oedd rheini, yn ôl yr hanes yn fwy cynhyrfus fyth!

Anodd gwybod yn union pa mor amlwg oedd Ieuan ab Iago ym miri'r cylchoedd hyn. Ond y mae rhyw gred yn bodoli o hyd ym Mhontypridd ei fod ef a Iago yn mynychu'r cyfarfodydd hyn tra bod Elizabeth ei wraig yn aelod ffyddlon yn Carmel. Pan drôdd Carmel yn gapel Saesneg, aeth llawer o'r Cymry i'r Tabernacl, y capel a saif wrth hen bont William Edwards ac sydd bellach yn Amgueddfa'r Dref. Wyddom ni ddim i sicwydd a oedd Eizabeth James yn eu plith. Oherwydd yr oedd y Parch Edward Roberts, DD, gweinidog y Tabernacl ymhlith y mwyaf huawdl o gondemnwyr y derwyddon, a hynny o'i bulpud. Diddorol – os oedd Elizabeth James yn y gynulleidfa a'i gŵr a'i mab hynaf ymysg y derwyddon.

Mae'n amlwg nad perthynas hyd braich oedd perthynas Ieuan ab Iago â'r cymeriadau lliwgar hyn. Fel y nodwyd eisoes, cafodd ei urddo i Orsedd y Maen Chwŷf ym 1850 gan Myfyr Morganwg. Ac onid oedd y pregethwr a'r ysgolhaig Ioan Emlyn yn un o'r "beirdd trwyddedog" a orymdeithiodd o'r New Inn i Orsedd y Maen Chwŷf ynghyd â *"personau anrhydeddus ... yr ofyddion a'r llenorion cyfrifol eraill"* ym 1850? Ymhen dwy flynedd yr oedd Ioan Emlyn – y Parch John Emlyn Jones – wedi ei alw i weindogaethu yng Nghapel Rhondda, Trehopcyn!

Nid oedd ar Ieuan ab Iago gywilydd arddel, yn gynffon i'w enw, y radd farddol B.B.D. (Bardd Braint a Defod) a luniodd Iolo Morganwg iddo'i hun. Pan dderbyniwyd ei ŵyr, Taliesin James (1857 – 1938), mab Iago ab Ieuan, yn aelod o *Orsedd Beirdd Ynys Prydain a Chadair Morganwg a Gwent* yng Ngorsedd Gŵyl Alban Arthon (Rhagfyr 21) ym 1877, yr oedd Ieuan, flwyddyn cyn ei farw, yn un o'r tri a arwyddodd ei dystysgrif. Myfyr a Morien oedd y ddau arall ac y mae'r llythrennau B.B.D. wrth enw pob un o'r tri. Aeth Taliesin rhagddo i astudio'r delyn yn yr Academi Gerdd Frenhinol yn Llundain dan John Thomas (Pencerdd Gwalia). Cafodd ei urddo wedyn yn Aelod o Orsedd y Beirdd, gyda'r enw Pencerdd Morgannwg, ac wedi cyfnod yn dafarnwr y *Swan* yn

Aberaman bu'n athro'r delyn yng Ngholeg y Brifysgol, Caerdydd. Drwy Mrs Griffith John Williams cyflwynwyd ei delyn Gothig, a wnaed yn Ffrainc gan y brodyr Sebastian a Pierre Erard, i Ysgol Uwchradd Gymraeg, Rhydfelen, ysgol uwchradd Gymraeg gyntaf y De. Wedi rhai blynyddoedd barnwyd ei bod yn rhy fregus at bwrpas plant ysgol ac fe'i trosglwyddwyd i ofal Amgueddfa Pontypridd lle y mae ar hyn o bryd.

Ieuan ab Iago, y bardd a'r dyn

I bob golwg yr oedd Ieuan ap Iago yn gyflogwr uchel ei barch ym Mhontypridd – er gwaethaf ambell sylw pigog ynglŷn â streiciau ar ymyl dalennau ei lyfrau cyfrifon. Er bod streiciau am gyflogau uwch a gwell amodau gwaith yn dod yn fwy a mwy cyffredin yn y cyfnod nid oes unrhyw dystiolaeth y bu erioed unrhyw wrthdaro rhyngddo a'i weithwyr. Ond cawn fwy nag awgrym o eirda iddo yn fersiwn ei gyd-weithiwr Daniel Owen, Llwyn Onn, Y Bont-faen, o hanes cyfansoddi'r anthem. Wrth gwrs, prin ei fod yn cyflogi nifer fawr o weithwyr. Ac er yn barod iawn i fynychu cyfarfodydd Gorsedd y Maen Chwŷf, y darlun a gawn yw o berson encilgar a hoffus a weithiai'n galed yn sefydlu ei fusnes – busnes a dyfodd yn un sylweddol a llewyrchus.

    O ran gwleidyddiaeth a daliadau gwelir dylanwad syniadau Tom Paine arno. Yn Lloegr ystyrir Paine hyd y dydd heddiw yn chwyldroadwr eithafol. Y gwir yw, yr oedd yn chwyldroadwr cymhedrol. Mewn heddwch, gwareiddiad a masnach yr oedd yr ateb i broblemau'r byd yn ôl Paine. Rhyfel a threthi uchel oedd sail pob drwg a thrwy antur breifat y deuai iachawdwriaeth. Ym 1794, yn ei gyfrol *Age of Reason*, ef oedd y cyntaf i ddweud mewn llyfr, nad oedd y Beibl yn air Duw. Perthynai Paine yn llwyr i'r dosbarth hwnnw o bobl yr oedd yn sgrifennu ar eu cyfer. Ef wnaeth ei hun yr hyn ydoedd, gŵr hunan-addysgedig, hunan-ddibynnol, dyn oedd wedi ymhel â nifer o swyddi a galwedigaethau. Gwrthwynebai fraint etifeddol, a oedd yn rhwystr i ryddid yn ei farn ef. Perthynai i ddosbarth o grefftwyr, masnachwyr bychain ac amaethwyr a ystyrient mai yn ei dwylo hwy oedd y dyfodol. Yr oedd tlodi'n ffaith, aflwydd i'w ddatrys gan gymdeithas nid rhywbeth i ddianc rhagddo. I Paine yr oedd ei weledigaeth yn syml – bod yr hyn a ddywedai offeiriaid am y Beibl, a'r hyn ddywedai'r cyfoethogion am gymdeithas yn anghywir. Ni fedrwn lai na theimlo bod Ieuan yn gyfarwydd â gweithiau Paine ac i raddau helaeth yn cytuno â hwy.

Person swil oedd Ieuan ab Iago, yn ôl pob tebyg. Er iddo sgrifennu swm sylweddol o farddoniaeth prin hanner dwsin o'i gerddi welodd olau dydd yn ystod ei oes, sy'n rhyfedd o gofio bod salach beirdd yn yr un cyfnod wedi cyhoeddi cyfrolau. Ar yr achlysuron prin pan yr elai oddi cartref, mynd fyddai i Eisteddfod neu gyfarfod o Urdd y Gwir Iforiaid – ni cheir awgrym ei fod yn gapelwr. Er gwaethaf tystiolaeth lluniau ohono sy'n cyfleu dyn golygus a thrwsiadus, yn ôl Thomas Leyshon nid oedd yn berson arbennig o ofalus o'i wisg a'i ymddangosiad. "Ni phoenai lawer am doriad ei ddillad," meddai Mr Leyshon. "Er hynny yr oedd parch gan bawb tuag ato ac yr oedd croeso cynnes iddo mewn cwmni. Yr oedd cydnabyddiaeth gyffredinol i'w allu fel difyrrwr a dadleuwr. Treuliai lawer o'i amser hamdden yn darllen, yn trafod llenyddiaeth Gymraeg a barddoni."

Mae'n amlwg iddo dderbyn anogaeth a chefnogaeth ei dad i ymhel â barddoni, a fel y nodwyd eisoes yr oedd o leiaf dri o'i frodyr yn feirdd. Ceir gan Daniel Huws gyfeiriad at Ieuan yn ymateb i gais Evan, y tad, am gopi o ryw gerdd neu'i gilydd o'i waith. A cheir awgrym o ddiddordeb a balchder y tad yn un o ymdrechion ei blentyndod:

Bu gennyf ddafad unwaith,
Cadd lond ei bol o fwyd,
Ond, och fi! hon fu farw
Rhwng gwal a phost y glwyd.
Mi wneuthum farwnad iddi
Er mwyn cael ysgafnhad
I'm hiraeth – mae'r gân honno
Yn rhywle gan fy nhad.

Llun wedi ei dynnu yn agos i'r fan lle safai ffatri wlân Ieuan ab Iago

Yr oedd yn amlwg, hefyd, ar delerau da â'i lysfam. Er bod cyfeiriadau gan Thomas T. Leyshon a Daniel Huws yn awgrymu bod Elizabeth James yn marw rywbryd wedi geni'r olaf o'r plant yn 1816 dengys cofnodion Eglwys San Martin, Caerffili, iddi farw ar Ragfyr 3, 1824, ac iddi gael ei chladdu yno ar Ragfyr 12. Os felly, nid cof plentyn fyddai ganddo o'i fam ac er cyfeirio ati mewn cerddi eraill, nid yw'n gwneud hynny yn y modd uniongyrchol y cyfeiria at ei lysfam. A oedd am blesio'i lysfam? Ceir canmoliaeth i fagwrfa dda a maethlon ac awgrym fod y plant yn cael tipyn o'u sbwylio gan eu llysfam pan fyddai ei tad oeddi cartref. Ac mewn un gerdd dywed iddi ei gymell i smocio pibell i danio'r awen!

Wrth ffynnon bell y coedca
Mawr y prydyddio fu,
Fy llysfam weithiau'n pipian,
Rôl hynny, wip i'r tŷ.

Hi geisiau fy mherswadio
Y gwnawn brydyddio'n well
Ond cael 'long pipe' i smocio
Gerllaw i dan y gell.

Dengys nifer o'i englynion agwedd ryddrydig at ei gyd-ddyn a phleidiol i'r "dosbarth gweithgar". Tebyg mai "dosbarth gweithiol" oedd yn ei feddwl! Mae'r ddau englyn chwyrn yma i ryw Ynad Heddwch a'i cythruddodd ymysg ei lawysgrifau yn y Llyfrgell Genedlaethol:

Wele adail y diawledig – ustus
  Cestog a mileinig,
  Anaddas ŵr boneddig,
  Llwyr ddifawl yw y diawl dig.

Oherwydd fod ganddo arian – a thai
  A thir, barna weithian
  Gall yn hollol, ddyn siolwan,
  Wthio i'r gors weithiwr gwan.

Fe'i ceir yn ei gerddi yn lladd ar gaethwasiaeth, yn galaru am Lincoln, yn lladd ar y Degwm, ac yn clodfori Garibaldi. Yr oedd ei agwedd at ddirwest yn ddiddorol. Tra'r oedd yn yr Ancient Druid, Argoed, disgrifir ef fel gwehydd a thafarnwr. Mae'r hanesyn iddo, mewn un fersiwn o stori cyfansoddi'r anthem, anfon Iago am beint o gwrw i ysbrydoli'i awen, yn awgrymu nad llwyrymwrthodwr mohono. Rhyfedd fel y gwrthodwyd ymdrechion Ceiriog a Thalhaiarn i greu anthem i'r Cymry am iddynt lunio geiriau ar yr alaw *Glan Medd-dod Mwyn* ac i'r genedl dderbyn anthem a gyfansoddwyd gan ddau dafarnwr, neu dafarnwr a hanner tafarnwr. Tebyg mai yr un oedd ei safbwynt ag eiddo Myfyr Morganwg – mai cymedroldeb oedd piau hi.

Eto, fe'i ceir yn llunio englyn er cof am ddirwestwr o'r enw Samuel Francis:

Teilwng lwyr-ymataliwr – i feddwon
Bu'n fuddiol gynghorwr;
Fel pob gonest ddirwestwr
Ei ddiod ef oedd y dŵr.

Ble, tybed, y cafodd Ieuan ei addysg farddol? Dywedir – yn y nodyn bywgraffyddol a ddyfynnwyd – i'w frawd Lewis gael addysg dda, eto yn dair-ar-ddeg oed yr oedd yn dechrau dysgu crefft crydd ac yn amlwg wedi ymadael â'r ysgol. Mae'n amlwg i Ieuan gael cefnogaeth ei dad, ac y mae'n cydnabod anogaeth ei lysfam. Ac a fu i'w fam, yn llinach teulu diwylliedig y Stradlingiaid, hybu ei ddiddordeb? Wyddom ni ddim. Ond yr oedd yn Nwyrain Morgannwg a Gwent fywiogrwydd llenyddol afiaethus. Soniai Griffith John Williams am Lewis Hopkin yn *Annerch Prydyddion Gelligaer* gyda chyfres o englynion, prydyddion oedd yn meistroli'r *mesurau* ac yn cynnal *cyrddau* – Eisteddfodau, mae'n debyg – yno. Tua 1735 y bu hynny. A barhaodd y traddodiad yn ddi-dor, wyddom ni ddim, ond dros ganrif yn ddiweddarach yr oedd mynd ar Eisteddfod Gelli-gaer a Ieuan ab Iago a'i frawd Lewis yn amlwg yn y gweithgareddau.

Yn sicr bu'r Iforiaid yn ysgogiad i'w awen, ond yr oedd yn englyna ysbaid go dda cyn sefydlu'r Urdd. Wedi hynny, gwelir dylanwad syniadau a chyfarfodydd yr Iforiaid ar ei gerddi caeth a rhydd. Enwyd Urdd y Gwir Iforiaid ar ôl Ifor Hael, Gwernyclepa, Basaleg, Casnewydd. Yr oedd yn noddwr i Ddafydd ap Gwilym, canodd Ieuan Brydydd Hir englynion enwog i'w lys adfeiliedig, ac yr oedd yn un o arwyr Iolo Morganwg. Sefydlwyd yr Urdd yn Wrecsam ym 1836, ac ym 1838 agorwyd Undeb Dewi Sant o'r Urdd yn Nghaerfyrddin – y cyntaf yn y De. Ar Ionawr 26, 1839, agorwyd cyfrinfa gyntaf yr Iforiaid yn Sir Fynwy, yn *Y Fotas*, Cwmrhydderch, Glyn Ebwy, tafarn Lewis James, brawd Ieuan. Cynhaliwyd gwledd flynyddol gyntaf y gyfrinfa ar Fehefin 22, 1839, ac y mae ymhlith dyddiaduron Ieuan awdl a luniodd i ddathlu'r amgylchiad. Yr oedd, felly, yn aelod cynnar o'r Iforiaid, bron ddeng mlynedd cyn dod i fyw i Bontypridd. Yr oedd cyfrinfa fywiog o'r Iforiaid yn Nhrehopcyn, yn cyfarfod yn *Y Castell Ifor*, tafarn ar lan afon Rhondda. Cafodd ei thynnu i lawr pan ledwyd y ffordd yn y saith-degau. Cadwyd yr enw'n fyw pan gafodd ei fabwysiadu'n enw clwb anwleidyddol, sydd bellach yn dafarn, y *Castle Ivor*, ar gornel Foundry Road a Telekiber Street yn Nhrehopcyn – chwarter milltir o safle'r dafarn wreiddiol.

Wetherspoons – Yr Ieuan ap Iago yn Aberdâr. Camgymeriad amlwg – Iago ap Ieuan fu'n byw, ac a gladdwyd, yn Aberdâr.

Cymdeithas elusennol oedd yr Iforiaid a ofalai am les eu haelodau a'u teuluoedd mewn achosion o salwch, marwolaeth neu ddamweiniau. Tra roedd cymdeithasau fel yr Odyddion (*Oddfellows*) ar y cyfan yn Seisnig ac yn perthyn i'r dosbarth canol, roedd yr Iforiaid yn urdd Gymraeg a berthynai i ddosbarth cymdeithasol is. Cymraeg oedd eu hiaith swyddogol, roeddent yn gefnogol i addysg Gymraeg ac, yn ddieithriad, cynhelid Eisteddfod ar ôl eu ciniawau. Eu dau brif arwyddair oedd *Oes y byd i'r iaith Gymraeg* a *Tra môr, tra Brython* – sef dau arwyddair Cymreigyddion y Fenni.

    Disgwylid i feirdd yr Iforiaid fod yn barod gyda cherdd neu gân i gyfarch yr aelodau mewn cinio neu Eisteddfod a dengys papurau a dyddiaduron Ieuan ab Iago ei fod yn gyfrannwr cyson i'r cyfarfodydd hyn. Drwy roi cymaint pwyslais ar ddawn yr "awen barod" yr oedd Urdd yr Iforiaid yn amlwg yn feithrinfa beirdd. Yr oedd eu cyfarfodydd yn hwyliog, gyda llawer iawn o dynnu coes – yn hynny o beth yr oedd ganddynt lawer yn gyffredin â'r *Clic y Bont* llai ffurfiol. Bu ganddynt gylchgrawn, *Yr Iforydd*, oedd yn cynnwys tudalen farddol a fyddai'n fynych yn cyhoeddi cerddi Iforaidd – cerddi tebyg i'r gân hon o waith Ieuan er na welais mohoni yn yr un rhifyn:
    Mae cenedlgarwch yn tanio'n mynwesau,
    Nis gallwn anghofio gorchestion hen oesau,
      A wnawn ni ddibrisio iaith bêr ein hynafiaid?
    "O na wnawn byth bythoedd," medd pawb o'r Iforiaid!

Y mae natur y bardd cymdeithasol yn gryf iawn yn Ieuan ab Iago. Ceir ganddo lu o gerddi coffa a cherddi canmol. Ceir cerdd ganddo'n canmol W. Price, Yswain, Meddyg, Porth-y-glo, am wella William Jones, Gelligaer, o aflwydd fu'n ei boeni'n hir. Mae'n bosib iawn mai cerdd i'w hanfon i gystadleuaeth oedd hi, oherwydd gwahoddwyd cerddi am Dr Price mewn cystadleuaeth yn un o Eisteddfodau Gelligaer tua 1847. Yn sicr, y Dr William Price oedd y meddyg hwn – ym Mhorth-y-glo yr oedd yn byw pan ddaeth i fyw gyntaf i Bontypridd. Ceir gan Ieuan gerdd wedyn i "Mr Isaac Thomas, Saer Coed" a gaiff ganmoliaeth am ddarparu eirch rhad i'r "dosparth gweithgar". Ceir englynion ganddo i Aaron Cule, ei gyfaill a'i gymydog yn Mill Street. Ac y mae'n cofnodi, yn nhraddodiad y bardd gwlad cymdeithasol, ddigwyddiadau yn ei ardal. Ceir cân ganddo *Ar yr Adfywiad a bair y Gledrffordd Newydd yng nghymdogaeth y Bontnewydd a Mynwent y Crynwyr.* Sylwer fel y mae'n canmol masnachaeth, fel y gwnai Tom Paine o'i flaen. Y dyddiad arni yw 1841 ac y mae'n ddiogel tybio mai cerdd yw hon i gydfynd ag agoriad swyddogol y darn o reilffordd Dyffryn Taf o Abercynon i Ferthyr. Mae'n ddadleuol ai Pontypridd yw'r Bontnewydd, neu pont reilffordd Goetre'r Coed ar draws y dyffryn uwchlaw Mynwent y Crynwyr.

Mor hoff gan wladgarwyr yw gweled arwyddion
Am gynnydd Masnachaeth trwy gyrrau eu gwlad,
Ynghyd â mawr lwyddiant anturwyr dewrgalon
Agorant loweithiau er dirfawr les-had.
Er bod yng ngrombiliau ein parthau mynyddig
Ddefnyddiau trafnidiaeth – cyflawnder o lo,
Tra difudd in' ydyw'r trysorau cuddiedig
Heb gaffael cyfleustra i'w cludaw drwy'n bro.
Wi! Lloned y Meistriaid – boed elwch i'r gweithwyr,
Ceir gweld Cledrffordd newydd, dynesu mae'r dydd,
Gerllaw y Bontnewydd a Mynwent y Crynwyr
Er lles cyffredinawl – Adfywiad a fydd.

Ceir mwy o grefft mewn cerdd gynharach, *Daioni Gweithiau Gwlân Caerffili,* ar y mesur tri thrawiad:

Canfyddir hen wragedd a gwlân rhwng ei bysedd,
Er mwyn caffael meinwedd edafedd fo deg,
Y garwaf ddeolant, y tecaf er tyciant
Ddetholant, ni oedant un adeg.

Mae'r gweithiau cysurlon er budd i gribyddion,
I nyddwyr, lliwyddion, gwehyddion tra gwych,
Heb sôn am niferi o fân-blant sy'n gweini,
Gan brofi'n daioni dianwych.

Lluniodd gerddi i *Agerdd Beiriant Newydd Tredegar* (1839), *Cloddfa Gerrig Perthigleision* (1852), *Tŷ Marchnad Aberdâr* (1853), *Gweithdy Newydd y Tlodion, Pontypridd* (1866) a *Gwaith Coedpenmaen* (1866). Gweithiau eraill oedd mewn cytgord â syniadau Tom Paine.

Yr oedd Ieuan ab Iago yn gynrychiolydd da o hen ddiwylliant ei fro, yn cymryd ei le yn gyffyrddus ymysg hen gymdeithas o ffermwyr bychain a chrefftwyr gwlad. Fel y dywedai R. T. Jenkins am Edward Ifan o'r Ton Coch, bardd a ganai diwedd yr ddeunawfed ganrif, yr oedd meddylgarwch yn perthyn iddo ac annibyniaeth barn. Ceir adroddiad diddorol a dadlennol o araith a draddododd yn Eisteddfod Gelli-gaer ar ddydd Nadolig 1848 (gweler Atodiad 3). Ei frawd, Lewis, oedd llywydd yr Eisteddfod ac yr oedd Ieuan gydag ef ar y llwyfan. Yn ei anerchiad cyfeiriodd Ieuan at gyfrifoldeb cymdeithasol y bardd a rhoes anogaeth i'w genhedlaeth i ymroi i bob cangen o lenydda er cadw'u henwau'n fyw fel y gwybyddai cenedlaethau'r dyfodol y bu byw dynion na dreuliasant eu hamser yn ofer. Anogaeth, mewn gwirionedd, i'r dosbarth gweithiol godi eu sgrifellau – syniad pur ramantus, ac awgrym arall bod cysgod Iolo Morganwg yn drwm arno. Aeth rhagddo i nodi fod gan y Cymry, fel cenhedloedd eraill, eu hynafiaethau a'i fod yn llawenhau bod ei "frodyr, y Saeson", bob amser yn cymeradwyo a rhoi cydnabyddiaeth i'r *Trioedd* Cymraeg – cyfansoddiadau o allu a synnwyr nodedig, meddai. Beth, tybed, oedd wrth wraidd y cyfeiriad yna?

Iolo Morganwg oedd y cyntaf i gyfieithu'r *Trioedd* i'r Saesneg yn *The Myvyrian Archaiology*, 1801. Fe'i cyhoeddwyd wedyn gan Edward Davies yn ei *Celtic Researches* ym 1804, cyfrol garlamus ei syniadau ond a wnaeth argraff ar feirdd fel y Ffrancwr Charles Leconte de Lisle. Mewn argraffiadau mwy diweddar o'i *History of the Anglo-Saxons* – tua 1807 – yr oedd Sharon Turner yn cyfeirio at y *Trioedd* mewn atodiad sylweddol i'w gyfrol dan y teitl *A Vindication of the Ancient British Poems*.

"*The Franks, then, had poets – the Saxons had poets – the Irish had poets. Let us, then, not deny them to the Welsh,*" sgrifennodd Turner yn ei ddiweddglo i'r atodiad. Nid oes neb yn cofio amdano na chyfeirio at ei waith heddiw ond am drigain mlynedd Turner oedd prif hanesydd y Saeson, a'i gyfrol oedd y gwaith safonol ar hanes Lloegr. Ymddengys, felly, bod Ieuan yn gyfarwydd â'i waith ac yn cymeradwyo safbwynt Iolo y dylid goleuo'r "brodyr" Seisnig am hanes trigolion gwreiddiol yr ynysoedd hyn. Ac y dylid annog y Saeson i gydnabod bod hanes y Cymry a Cheltiaid eraill yr ynysoedd hyn yn rhan o'u hanes hwythau, hefyd. Nid safbwynt fyddai o ddiddordeb mawr i genedlaetholwyr, ond yn ei gyfnod yn Llundain aeth Iolo i'r drafferth o ddod i adnabod a dod yn gyfeillgar â'r Saeson a cheisio'u goleuo am hanes a diwylliant Cymru a'r Gymraeg.

Yna, yn niwedd ei anerchiad, neu o leiaf yr adroddiad ohono a geir yn y *Monmouthshire Merlin*, y mae Ieuan yn dweud bod cylchgrawn misol newydd ar fin cael ei gyhoeddi, sef *Y Gymraes*, ac yn wyneb yr honiadau enllibus a wnaed yn erbyn cymeriad a phurdeb y "rhyw deg" yng Nghymru, anogodd – i fonllefau o gymeradwyaeth – bawb oedd yn bresennol i danysgrifio i'r cylchgrawn. Yr oedd y sylw olaf yn amlwg yn gyfeiriad at adroddiad comisiynwyr *Y Llyfrau Gleision*. Ni welais brawf i Ieuan ab Iago gyfrannu i gylchgrawn byrhoedlog Evan Jones (Ieuan Gwynedd) ond gwyddai, yn amlwg, ei fod ar y gweill. Gwelir ymysg ei lawysgrifau yn y Llyfrgell Genedlaethol iddo anfon cyfres o englynion i Ieuan Gwynedd dan y ffugenw Meudwy Glan

Rhondda, ond methais ddod o hyd iddynt yn *Y Gymraes* nac mewn unrhyw gyhoeddiad arall.

Nid oes amheuaeth nad oedd Ieuan yn ŵr o farn, yn ddarllenwr a chanddo barch at lyfrau. Ceir yn Amgueddfa Pontypridd ddwy gyfrol *Hanes y Brytaniaid a'r Cymry* Gweirydd ap Rhys a oedd yn eiddo iddo, cyfrolau wedi eu rhwymo'n hardd yn y lledr gorau. Hefyd, yn yr Amgueddfa ceir mewn dwy gyfrol rwymedig, heb fod mor ddrudfawr, ond heb fod yn rhad 'chwaith, gopïau 1861 a 1863 o'r *Controversialist*. Neu, a rhoi iddo ei deitl cyflawn, *The British Controversialist and Literary Magazine devoted to the Impartial and Deliberate Discussion of Important Questions in Religion, Philosophy, History, Politics, Social Economy &c and to the Promotion of Self-culture and General Education*. Cylchgrawn yn trafod amrywiol bynciau mewn manylder a dyfnder: fel Annibyniaeth Gwlad Pwyl Wrth Ymerodraeth Rwsia; A Ydyw Tŷ'r Arglwyddi o Fudd i'r Wlad? A Ydyw Cysylltiad Parhaol y Trefedigaethau Prydeinig a'r Fam Wlad yn Beth i'w Ddymuno? Oes Angen Gweinidogion yr Efengyl Arnom, neu a Fedrwn eu Hepgor? Ceir trafodaeth ar James Watt ac arafwch dyn i fanteisio ar ager at bwrpas cynhyrchu pŵer. Yn sicr, gellir gweld bod dylanwadau y pynciau a drafodid yn y cylchgrawn hyd yn oed ar rai o gerddi Ieuan – caethwasiaeth, englyn ysgafn i Blondin hyd yn oed, a'i agwedd dra cadarnhaol tuag at ddiwydiant.

Ceir cyfeiriadau, droeon, at heddychiaeth Ieuan ab Iago. Diddichell, da heddychwr meddai ap Myfyr yn un o'i englynion coffa iddo. Yn ei bennod *An Attempt to Revive Druidism at Pontypridd* yn ei *History of Pontypridd and District* ceir gan Morien ddisgrifiad diddorol o gyfarfod a gynhaliwyd wrth y garreg siglo "tua 1853". Yr oedd Myfyr Morganwg wedi gosod posteri o gwmpas Pontypridd yn cyhoeddi y gwireddid proffwydoliaeth Eseia ar Fehefin 21. Mae'n amlwg

mai cof plentyn oedd gan Morien o'r digwyddiad. Daeth y torfeydd ynghyd gan ddisgwyl ryw ryfeddodau – os nad Eseia ei hun. Nid oedd y proffwyd i'w weld, dim ond Myfyr yn cael ei ddilyn gan ddau o'i Dderwyddon yn cario dau bolyn gwyn yr un. Wedi i Myfyr offrymu gweddi trawyd tant y delyn a chanwyd yr emyn
    Cyn codi allorau na themlau,
      Nac urddo offeiriad di-fudd;
    Cyn llunio yr ofergoeliaethau
      Sydd heddiw yn t'wyllu ein dydd

    Yna daeth y Derwyddon ymlaen gyda'u polion a chychwynodd Myfyr. "Bu gennyf gydymdeimlad yn hir gyda'r Proffwyd Eseia," meddai. "Yr oedd yn fardd galluog. Yr oedd, hefyd, yn ddadleuwr o blaid heddwch. Yr oedd ei gydymdeimlad gyda ni, oherwydd oni ddywedodd:

'Mor weddaidd ar y mynydd yw traed yr hwn sydd yn efengylu, yn cyhoeddi heddwch.'

    "I'r dydd hwn, wedi i filwyr ladd ei gilydd wrth y miloedd, daw'r Offeiriaid yng nghyd i ganu 'Te Deum laudamus' neu 'Canmolwn Di, O Dduw'. Ni addolwn Sadwrn na'i ddydd yma. Tad a Mam yr holl ddynoliaeth yw y rhai a addolwn." Yr oedd yr ymateb yn syfrdanol, yn ôl Morien.

    Dychwelodd Myfyr at Eseia a meddai: "... a hwy a gurant eu cleddyfau yn sychau a'u gwaywffyn yn bladuriau." Tynnodd y Derwyddon y gorchudd oddi ar y polion ac yn crogi oddi arnynt oedd sychau a phladuriau. Chwarddodd rhai, tra cymeradwyai eraill yn wresog, yn ôl Morien. Beth tybed, oedd awyddocâd y seremoni ryfedd hon? Y mae'n amlwg na ddeallai Morien ifanc yr hyn oedd yn digwydd. Ai protest oedd hi yn erbyn Rhyfel y Crimea? Buasai'n gydnaws ag agwedd y gwŷr hyn, a gallwn fod yn ffyddiog bod Ieuan ab Iago, y diddichell, da heddychwr, yno yn eu plith. Un ffaith fach ddiddorol o'r cyfnod hwn – nid oedd Pontypridd yn dir ffrwythlon i'r gwŷr hynny oedd yn ricriwtio i'r fyddin. Felly, a oedd heddychiaeth Myfyr a'i gyfeillion – yn eu plith Ieuan ab Iago – wedi taro'r nod neu ai cyd-ddigwyddiad rhyfedd oedd y cwbl?

Fel yr awgrymwyd eisoes ymddengys bod Deïstiaeth Dderwyddol yr Undodwr Iolo Morganwg yn dderbyniol – neu o leiaf ni chodödd wrychyn y crefyddwyr yn ormodol. Ni wylltiwyd neb, 'chwaith, gan awdl Taliesin ab Iolo i'r *Derwyddon* a enillodd Gadair Eisteddfod Caerdydd ym 1834. Nid oes awgrym o wrthwynebiad hyd yn oed i'r syniad bod Derwyddiaeth yn sail i Gristnogaeth. Flynyddoedd wedyn yr oedd yr offeiriad Anglicanaidd Sabine Baring-Gould a John Fisher yn eu *Lives of the British Saints* (Llundain, 1907) yn datgan bod y saint Celtaidd yn llythrennol ddilyn llwybrau'r Derwyddon, eu bod yn efelychu hyfforddiant a ffordd o fyw y Derwyddon gyda'u pwyslais ar feudwyaeth ac ymneilltuo oddi wrth gymdeithas, ac yn cymryd arnynt rai o ddyletswyddau'r Derwyddon – sef gweithredu fel cyfreithwyr. Eto yn ei gerdd, *Y Derwydd* (tud. 123), y mae Ieuan ab Iago yn cyfeirio at feirniadaeth o'r Derwyddon yn y wasg ac yn eu hamddiffyn. Cyfeiriwyd eisoes at y Parch Henry Oliver a'i ddadleuon gyda Myfyr Morganwg. A aeth Myfyr yn rhy bell drwy dynnu Hindŵiaeth i fewn i'w Dderwyddiaeth – drwy honni, yng ngeiriau Mr Huw Walters, "bod cysylltiad agos rhwng y derwyddon a'r patriarchiaid Beiblaidd ... ac mai ffurf Iddewig ar dderwyddiaeth oedd Cristnogaeth a bod y grefydd Gristnogol ei hun wedi ei sylfaenu ar Hindŵiaeth."?

Ymddangosodd cyfres o erthyglau gan y fferyllydd a'r hanesydd llên gwych Thomas Stephens o Ferthyr Tudful yn *Yr Ymofynydd,* cylchgrawn yr Undodiaid ym 1852-53, a gyfeiriodd at ddysgeidiaeth Myfyr fel *"gweddillion o dwyll ac anwybodaeth oesoedd o dywyllwch a choelgrefydd".* Ymatebodd Myfyr yn chwyrn – yr oedd yn un parod i gael ei dynnu i ddadleuon yng ngholofnau papurau newydd. Rai blynyddoedd wedyn cafwyd y Parch Edward Roberts, D.D., Gweinidog y Tabernacl, Pontypridd, yn cyhuddo Myfyr a'i ddilynwyr o fod yn *"anghredinwyr yn ymagweddu fel Derwyddon newydd"* – nid cyhuddiad i'w gymryd yn ysgafn. Ond a oedd digwyddiadau eraill yn tarfu ar weinidogion cylch Pontypridd? Nodwyd nad oeddynt yn medi ffrwyth diwygiad 1859. Ceir adroddiad arwynebol ddiniwed yn *The Cambrian,* rhifyn Gorffennaf 6, 1860, o Eisteddfod a gynhaliwyd ar Fehefin 21, o gwmpas y Maen Chwŷf. Sonnir am gyfres o ddarlithoedd, dwy yn Gymraeg ac un yn Saesneg. Adroddir bod Iago ab Ieuan wedi canu ei delyn, rhyw fath o adloniant ysgafn rhwng y gweithgareddau a'r darlithoedd. Ni cheir unrhyw fanylion o gynnwys y darlithoedd, heblaw rhywbeth i'r perwyl eu bod yn huawdl a dysgedig! Mae hyd yn oed y testunau yn ymddangos yn bur anniddorol. Cafwyd darlith gan William John (Mathonwy) ar *Dyn, Y Datblygiad Uchaf Mewn Natur;* traddododd Gwilym Llancarfan ddarlith Saesneg ar ddaeareg; a chafwyd darlith gan T. ab Iago ar *Y Budd a Ddeilliaw o Eisteddfodau Drwy Ehangu Gwybodaeth a Moesoldeb.* (Tybed ai Tomos ab Iago, brawd ieuengaf Ieuan ab Iago oedd y T. ab Iago hwn? Yr oedd hwnnw'n fardd, ceir cerddi o'i waith ymhlith papurau Ieuan ac yng nghasgliad Orpheus (James James) – Eisteddfod Llangollen 1858 –- ceir pedair cân a dadogir iddo a chyfeirir at ei gartref fel y Llanover Arms.)

   O edrych ar y testunau yng nghyd-destun y cyfnod fe welir y gallai'r pynciau hyn yn hawdd fod wedi cythruddo'r crefyddwyr. Mae testun Mathonwy, flwyddyn wedi i Darwin gyhoeddi ei *Origin of Species,* yn awgrymu darlith yn cefnogi'r ddamcaniaeth newydd. Tybed beth oedd cynnwys darlith Gwilym Llancarfan ar ddaeareg – darlith dechnegol ar sut i gloddio am lo? Petae'r ddarlith yn cael ei thraddodi ym Merthyr neu Gwm Rhondda, mae hynny'n ddigon posib. Mae posibilrwydd arall, mwy tebygol. Daearegwyr oedd y cyntaf i wrthbrofi'n gyhoeddus a gwyddonol ddysgeidiaeth y Creadyddion fod Duw wedi creu'r byd 4,000 o flynyddoedd yn ôl. Ai dyna gynnwys darlith Gwilym Llancarfan, tybed? Mae testun T. ab Iago yn adlewyrchu cred oedd yn dechrau dod yn boblogaidd mewn rhai cylchoedd, nad Cristnogaeth oedd yr unig sail i foesoldeb – bod sail wyddonol i foesoldeb, hefyd. Os mai dyma gynnwys darlithoedd a draddodid yn Eisteddfodau'r Maen Chwŷf, hawdd deall pam fod gweinidogion a chrefyddwyr yr ardal yn anghysurus! Gellir dadlau mai Cymru oedd un o'r ychydig wledydd yn y cyfnod aeth yn fwy crefyddol wrth fynd yn fwy diwydiannol. Os felly, nid oedd Pontypridd ar yr un cywair â gweddill Cymru!

Ganwyd a magwyd Ieuan mewn bröydd a berthynai i gyfnod cyn y chwyldro. Ond os na chyrhaeddodd rhyferthwy'r Chwyldro Diwydiannol Bontypridd tan ddiwedd ei oes yr oedd y newid wedi dod i Aberdâr a Merthyr Tudful a byddai Ieuan yn ddigon cyfarwydd â'r lleoedd hynny i fod yn ymwybodol o'r effaith. Pontiodd ei fywyd ddau gyfnod, dwy ffordd o fyw a dwy gymdeithas wahanol mewn gwerthoedd a iaith. Yr oedd wedi ei drwytho'n yr hen draddodiad barddol, gwelai werth mewn hen syniadau a chrefyddau. Eto yr oedd yn agored i syniadau blaengar, newydd ei gyfnod, yn gefnogol i ddiwydiant. Ond am un gerdd y cofiwn amdano, un a grisialodd ymdeimlad newydd o falchder cenedlaethol ein gwerin.

Anthem y Brythoniaid

Os cawsom ni, Gymry, ein hysbrydoli gan gân y tad a'r mab o Bontypridd, felly hefyd ein brodyr a'n chwiorydd yn Llydaw a Chernyw. Cyn hir, fel yr hen Frythoniaid a hwyliodd o Gymru a Chernyw i Lydaw yng nghanrifoedd cynnar Cristnogaeth, aeth *Hen Wlad Fy Nhadau* yr un ffordd. Os bu helynt yng Nghymru ynglŷn â'r alaw ym 1884, cafwyd helynt yn Llydaw am y geiriau.

Ym 1897 cyhoeddodd W. Jenkyn Jones (1852 – 1925), Cymro oedd yn genhadwr Protestanaidd yn Kemper (Quimper), gyfrol o emynau Llydaweg gyda'r teitl *Telen ar C'hristen* (Telyn y Cristion). Gŵr o'r Ceinewydd, Ceredigion, oedd Jenkyn Jones ac wedi cyfnod fel athro ysgol aeth i'r maes cenhadol yn Llydaw ym 1880 ac yno y bu hyd ei farw ym 1935. Mae *Telen ar C'hristen* yn cynnwys trosiadau o amryw emynau Cymraeg poblogaidd fel *Pen Calfaria*, *Y Delyn Aur* ac emyn mawr Islwyn, *Gwêl uwchlaw cymylau amser*. Ac yn eu plith 'roedd emyn i'w ganu ar alaw *Hen Wlad Fy Nhadau*. Mae'r ddau bennill cyntaf, i bob pwrpas, yn gyfieithiad o'n hanthem ac yn ysbryd y gwreiddiol. Wedi hynny, mae'n mynd ar drywydd mwy crefyddol. Mae'n fflangellu'r ddiod feddwol yn y trydydd a'r pedwerydd pennill a galw ar y Llydawiaid i ymryddhau o'u caethiwed – oddi wrth yr Eglwys Babyddol, mae'n debyg - ac i gyhoeddi enw'r Iesu er cynnydd y wir ffydd. Dyma'r tri phennill cyntaf:

Doue ha va Bro

Peb Breizad tomm-galon a gâr, sûr, he vro,
Bro Arvor 'zo brudet dre'r bed tro-var-dro;
Er brezel calonnec, hon tadou ervad,
A seuliaz evithi ho gwad.

O va mamm-bro! Cared a rann va bro,
Keit mat vo'r môr 'vel mur en dro,
Ra vezo libr atao va bro.

Bretoned, tud caled, 'vel dero int creñv,
N'euz bro 'vel Breiz-Izel a-zindan an env;
Peb menez, pep traouien a garomp ervad,
Hon tadou ho livaz a wad.

O va mamm-bro &c.

Gwin ardant 'zo tirant da veur a zen foll
He spered, he galon, he gorf en eun taol
P'ar monstr en e'selavach zo gwerzet 'vel preiz
P'int stlapomp ar monstr euz a Vreiz.

O va mamm-bro &c.

(Cyfieithiad)

Duw a fy Ngwlad

Pob Brython twym-galon a garo ei wlad,
Gwlad Llydaw, mor enwog o gylch y byd;
Yn ddewr mewn rhyfeloedd, ein tadau yn llwyr,
A throsti yn colli eu gwaed.

O fy mamwlad, caraf fy ngwlad,
Boed gadarn y mor yn fur o'i chylch,
Fel byddo'n rhydd hyd byth fy ngwlad.

Brythoniaid, genedl galed, fel derw maent gryf,
Nid oes fro fel Llydaw cyn uched ei pharch,
Pob mynydd, pob dyffryn a garwn yn llwyr.
Ein tadau a'u lliwiodd a'u gwaed.

O fy mamwlad &c

Y gwin poeth sy deyrn ar y cadarn a'r ffol,
Ei ysbryd, ei galon, ei gorff ef a syrth
Dan droed yr anghenfil a'i twyllodd drwy frad;
Alltudier y gelyn o'n gwlad.

O fy mamwlad &c

Cododd yr helynt pan gafwyd cyfieithad arall, toc wedyn, gan y bardd Llydaweg ifanc Taldir (Fañch Jaffrennou, 1879-1956). Fel y gwelir isod, mae'n hynod debyg i gyfieithad Jenkyn Jones – heblaw bod Taldir wedi cael gwared o'r penillion am ddirwest. Masnachwr gwin oedd Taldir wrth ei alwedigaeth!

Bro goz ma zadou

Ni, Breiziz a galon, karomp hon gwir Vro!
Brudet en an Arvor dre ar bed tro-dro.
Dispont kreiz ar brezel, hon zadou ken mad
A skuillaz eviti o gwad.

O Breiz! Ma bro, me gar ma bro;
Tra ma vo mor 'vel mur 'n he zro
A vezo digabestr ma bro!

Breiz, douar ar Zent coz, douar ar Varzed,
N'eus bro all a garan kement 'barz ar bed.
Pob menez, pob trauoien d'am c'halon zo ker:
Enne kousk meur a Vreizad ter.

O Breiz! &c

Ar Vretoned a zo tud kaled ha kreñv;
N'eus pobl ken kalonek a-zindan an env,
Gwerz trist, zon dudius a ziwan eno.
O pegent kaer ec'h out, ma Bro.

O Breiz! &c

Mar d'eo bet trec'het Breiz er brezelliou braz,
He iez a zo bepred ken beo ha biskoaz;
He c'halon birvidik a lamm c'hoaz 'n he c'hreiz,
Dihunet out breman, ma Breiz.

O Breiz! &c

(Cyfieithad)

Hen Wlad Fy Nhadau

Ni Lydawiaid o galon, carwn ein gwir wlad!
Enwog yw Arvor* ar draws byd yn grwn.
Yn ddifraw yng nghanol y frwydr, ein tadau dewraf
Gollasant eu gwaed.

O Lydaw! Caraf fy ngwlad.
Tra môr yn fur o'i chylch
Boed rhyddid i'm gwlad!

Lydaw, daear yr hen Saint, daear y Beirdd,
Nid oes fro arall a garaf gymaint drwy'r byd.
Pob mynydd, pob dyffryn i'm calon sydd annwyl:
O'i thrymgwsg a ddeffry'n ddi-drech.

O Lydaw! &c

(*hen enw ar Lydaw yw Arvor neu Armor)

Y Llydawiaid sy'n genedl caled a chryf;
Nid oes bobl ddewrach o dan y nen.
Baledi trist, alawon swynol geir ynddi.
O mor hardd wyt, fy ngwlad!

O Llydaw &c

Os Llydaw a drechwyd mewn brwydrau mawr,
Ei hiaith sydd bob amser mor fyw ag erioed;
Ei chalon danbaid a lam yn ei bron.
Dihuna yr awr hon, fy Llydaw!

O Llydaw &c

Yr oedd Ambrose Bebb yn adnabod Jenkyn Jones a Taldir a cheir pennod ar bob un o'r ddau yn *Pererindodau* ac er nad oedd Bebb yn barod iawn i farnu aeth cyn belled a dweud ei bod yn wir i ryw raddau mai aralleiriad oedd cân Taldir o gyfieithad Jenkyn Jones ond bod mwy "*o ysbryd y gwreiddiol yn chwythu*" yng nghân Taldir.

Mae *Bro Goz ma Zadou* wedi ennill ei phlwyf fel anthem Llydaw ac yn y flwyddyn 2003 dathlwyd ei chydnabod felly drwy osod llechen ar adeilad yn sgwâr Lesneven, tref a efeilliodd â Chaerfyrddin – ac, yn briodol iawn, y mae ysgol uwchradd y dref wedi gefeillio ag Ysgol Gyfun Gymraeg Rhydfelen, Pontypridd.

Cafwyd cyfieithadau o *Hen Wlad Fy Nhadau* i bob un o'r ieithoedd Celtaidd a bu ymgyrch i'w gwneud yn anthem y gwledydd Celtaidd, ond hyd y gwn Llydaw a Chernyw yw'r unig wledydd arall lle cenir hi'n gyson. Lluniwyd dau gyfieithad i'r Gernyweg, y cyntaf gan Gwas Mihal (Henry Jenner, 1848-1934) a'r ail gan Mordon (Robert Morton Nance, 1873-1959). Yr oedd gan y ddau gysylltiadau Cymreig, teulu

Jenner gyda Chastell Wenfo – enwyd Parc Jenner, yn Y Barri, ar ôl y teulu – a ganwyd Mordon yng Nghaerdydd. Dyma bennill cyntaf cyfieithad Mordon i'r Gernyweg gyda'r cyfieithiadau i'r ieithoedd Celtaidd eraill yn dilyn:

Bro Goth Agan Tasow

Bro goth agan Tasow, dha fleghes a'th car,
Gwlas ker an Howlsedhas, pan vro yu dha bar,
War oll an norvys 'th on-ny scullyes ales,
Mes agan kerenza yu dhys.

Kernow! Kernow! Y keryn Kernow;
An mor hedra vo yn fos dhys adro,
'Th on 'Onen hag oll' rag Kernow.

Gwyddelig

Sean-tír Mo Shínsear

'S í sean-tír mo shinsear is ionmhuin le m'chroidhe
Tír bárd as tir ceoltóíf is mó clú as brigh,
A laocha 's tréin-fhir fíor-chalma le tlás
Chum saoirseachta chuaidh siad trén bás.

Sean-tír! Is tusa is mó le mo chroidhe
Chom fada 's beidheas monubhar na toinne led'chuan,
Bidheadh againn an Gaedhilg go buan.

Gaeleg

Dùthaich Mo Shinnsire

A dhùthaich mo shinnsire', a dhùthaich mo ghaoil
Sàr-mhuıme nam bàrd thu, is màthair nan laoch,
Nan curaidhean treubach a dh' éirich 'gad dhion
'S a dhòirteadh am fuil anns an strì.

Shean-tir mo ghaoil, 's tu mo dhachaidh gu fìor
Cho fhad 's a bhios farum na tuinne ri d'thìr
A dhùthaich, a thasgaidh mo chridh'.

Manaweg

Heer my Hennayraghyn

O Heer my Hennayraghyn, Heer my chree hene,
Voir ghraihagh dy vardyn ta greinnaghey shin.
As treanee nagh lhig da dty ard-ghoo goll ersooyl
Son seyrsnys ren deayrtey nyn vuill.

Vannin! O ta my chree lhiat hene,
Choud's vees y keayn
Nee dty hraieyn niee,
Bee'n cree aym rhyts firrinagh dy beayn.

Y gofeb yn y Parc

Yn y blynyddoedd wedi marw Iago ab Ieuan ym 1902 aed ati i geisio coffáu mewn modd teilwng gamp a chymwynas y tad a'r mab i'r genedl. Araf fu'r arian yn dod ynghyd mewn cyfnod tlawd yn ogystal â blynyddoedd rhyfel 1914 – 1915 yng Nghymru ac ni lwyddwyd i godi iddynt y gofeb a haeddent tan 1930. Dadorchuddiwyd cofeb drawiadol Syr William Goscombe John, rhan ohoni wedi ei llunio o garreg las o chwarel Craig-yr-Hesg, gan Arglwydd Treowen gerbron torf o 10,000 ym Mharc Ynysangharad, Pontypridd, ym 1930.

Yn fab i gerfiwr a cherflunydd o Gaerdydd, yr oedd Goscombe John (1860 – 1952) yn un o gerflunwyr swyddogol pwysicaf Prydain hanner cyntaf yr ugeinfed ganrif. Ar gychwyn ei yrfa

Cerfluniau Goscombe John yn Mharc Ynysangharad

bu'n gweithio gyda'i dad yn cynhyrchu cerfiadau pren ar gyfer William Burges oedd yn adeiladu Castell Caerdydd ar gyfer Trydydd Ardalydd Bute. Yr oedd yn un-ar-hugain oed cyn cychwyn ei addysg gelf ffurfiol. Yr oedd yn gyfaill i Sydney Curnow Vosper, arlunydd y darlun eiconig Gymreig *Salem*, ac ef luniodd y cerflun o Vosper sydd yn Amgueddfa Merthyr yng Nghastell Cyfarthfa. Gwelir ei weithiau ym mhellafoedd yr hen Ymerodraeth Brydeinig. Ceir nifer yn yr Amgueddfa Genedlaethol – yr oedd yn un o brif ysgogwyr sefydlu'r Amgueddfa Genedlaethol – a cherflun o Dewi Sant yn Neuadd y Ddinas Caerdydd – a'r gofeb i Caradog yng nghanol Aberdâr. Ef, hefyd, gynlluniodd Gorn Hirlas Gorsedd y Beirdd.

Mae'r gofeb i gyfansoddwyr *Hen Wlad Fy Nhadau* ar ffurf dau gerflun o fab a merch, y naill yn cynrychioli'r awen a'r llall yr alaw, ac oddi tanynt ceir darlun o'r tad a'r mab, gyda'r geiriau "Trwy berfaith uniad awen y naill a pheroriaeth

Lluniau y tad a'r mab ar y gofeb

y llall rhoddasant o dynerwch eu cariad at Gymru anthem y genedl – Hen Wlad Fy Nhadau". Dylid nodi bod y darlun o Ieuan ab Iago, yn ôl pob tebyg, yn wynebu'r ffordd anghywir, llun rywdro wedi ei argraffu o ochr anghywir y negydd. Ni ellir beio Goscombe John am hynny, oherwydd mae nifer o'r lluniau ohono, gan gynnwys gwaith arlunwyr eraill, o'r tu chwith. Roedd bechgyn yn arfer rhannu ei gwalltiau ar yr ochr chwith, a merched ar yr ochr dde! Ac y mae nifer o luniau o Ieuan ab Iago, gan gynnwys yr un ar y gofeb ym Mharc Ynysangharad, gyda'r rhaniad ar y dde.

Y mae'r gofeb i gyfansoddwyr ein hanthem yn un o'r mwyaf cymeradwy o gofebau sydd i'w gweld yng Nghymru. Nid yn unig hynny. Saif yn un o'r parciau hyfrytaf yn y de gyda'r cylch bryniau gwarcheidiol o'i chwmpas a'i henwau hyfryd – Y Graig, Coed-y-Wion, Y Graigwen, Coed-y-lan, Craig-yr-Hesg, Coedpenmaen a Chraig-yr-Helfa.

Yn y pum-degau gwelwyd bod bedd Ieuan ab Iago a'i briod Elizabeth James ym mynwent Capel Carmel yn cael ei esgeuluso a'r fynwent yn tyfu'n wyllt o chwyn a bod y garreg fedd wedi ei fandaleiddio. Cychwynnodd un o'r aelodau, Albanwr o'r enw W. T. H. Gilmour, ymgyrch i dacluso'r fynwent a chreu Gardd Goffa. Cafodd y Parchedigion T. Alban Davies a L. Haydn Lewis, y ddau o Don Pentre, a Chyfarwyddwr Urdd Gobaith Cymru, R. E. Griffith, oedd yn frodor o Gilfynydd, gyfarfod yn Eisteddfod Llanelli, 1963, ac ymuno â'r ymgyrch. Ond ym 1969, cyn gorffen y gwaith cyhoeddodd y cyngor fwriad i ledu'r ffordd, dymchwelwyd Capel Carmel a chollwyd y cyfle i gael Gardd Goffa. Cafwyd y syniad wedyn i symud gweddillion y ddau i'w hail-gladdu ym Mharc Ynysangharad wrth droed y gofeb. Cwblhawyd hynny ar Orffennaf y 1af, 1973, mewn gwasanaeth a gyhaliwyd gan y Parch Haydn Lewis, Ton Pentre, a'r Parch D. Emlyn Lewis, Tabernacl, Pontypridd. Yr oedd rhywfaint o ôl

Carreg fedd Evan James, Parc Ynysangharad

difrod fandaliaid ar y garreg fedd ac atgyweiriwyd honno. Arni ceir y geiriau

*Er Cof Hiraethlawn Am
Evan James,
"Ieuan ap Iago", Pontypridd,
yr hwn a fu farw, Medi y 30ain 1878, yn 69 mlwydd oed*

Yna ceir hir-a-thoddaid ap Myfyr, John Davies, mab Myfyr Morganwg a dderbyniodd Ieuan ab Iago yn aelod o Orsedd y Maen Chwŷf ar Gomin Coedpenmaen ym 1850:

*Yn y bedd isod mae un bydd oesau
'N uchel ganmawl ei haeddiannawl ddoniau,
Fel awenydd ac un o filiynau,*

> *Ein IEUAN ydoedd, a'i fyw syniadau*
> *Unig-anedig yn ei ganiadau*
> *Enaid-lwythog, a chan genhedlaethau*
> *E gludir 'n eu treigladau – glod y gŵr*
> *A fu yn awdwr Hen Wlad Fy Nhadau.*

Nid dyma'r unig deyrnged a dalwyd iddo gan ap Myfyr. Lluniodd gyfres o englynion i'w goffáu, yn eu plith yr englyn hwn:

> *Y mynwesol gymwynaswr – a theg*
> *A thwym gymdeithaswr,*
> *Diddichell, da heddychwr,*
> *Gorau gaid rhwng gŵr a gŵr.*

Os cymerodd dros ddeg-mlynedd-a-thrigain i'r cerfwyr gofio'n deilwng am rodd y tad a'r mab, ni bu raid aros yn hir i'r beirdd wneud ei gwaith.

Barddoniaeth Ieuan ab Iago

Y Gaeaf

Tymor ydyw a bair adwyth,
E dry'r dyffryn mal tir diffrwyth;
Coedydd, manwydd, gwych dymunol,
Eu dail drwy allu, syrth yn hollol;
E grina'r perthi, a'r llwyni llonwedd;
Dros ein dolydd a llifogydd hyllaf agwedd,
A difroda'r tir hyfrydol, gyr ein meysydd
Megis ffosydd anhoffusol.

Daw gwasgarog wisg o eira,
Ein tir addoer lwyr orchuddia;
Gwelir esgud ddynion gwisgi,
Gan fawr anwyd yn dihoeni:
Dinwyf olwg anifeiliaid – gyd gysgodai
Gyda'r difai ŵyn a defaid,
Dan y perthi, heb ddim porthiant
Am gael lloches, mewn lle cynnes, oll amcanant.

Nôl anniddan wlawog ddyddiau,
Daw'r nen i'r olwg heb gymylau;
Y sêr yn nos yn hardd ddisgleiria,
Eu gwiw lewyrch a'n goleua;
Bryd hyn daw iasau llym digysur,
Teimlir oerni, anian rewa yn yr awyr.
Ei naws addoer, cyn boreuddydd,
Drwy ei allu rewa fyny ein afonydd.

Daw'r gogleddwynt oerwynt terig,
A ysgydwa wraidd y goedwig,
Echrus ydyw ei ruadau,
Anhoff aethus ei effeithiau:
Mae braidd pob un dynion pybyr,
Fel y gwannaf, yn y gaeaf, dan eu gwewyr,
Yn lle yr iâ, a'r eira terwyn a'r gwynt oerllym
Mor dda gennym fydd y gwanwyn!

(Hon, mae'n debyg, yw'r gân gyntaf a sgrifennodd Ieuan. Sgrifenwyd hi yng ngaeaf 1830 – 31. Yr oedd yn byw yn Argoed ar y pryd. Cyhoeddwyd hi yn *Cymru* 1915.)

Y Gelynnen

Yn ddiau daw y gaeaf – ei oer wedd
   Ar y wig ganfyddaf;
 Y gelynnen yw'r glanaf
 Heddiw yn ei gwisgoedd haf.

 Yn yr haf cei aml iawn ri' – o brennau
   'N bêr annwyl ffrwythloni,
 Eithr hon ei ffrwyth inni
 Y gaeaf oer a gaf i.

Caled ei rhyw mae clod i'w rhin – enwog
   Trwy'r gwasanaeth iesin;
 A thra hon gwedi ei thrin,
 Ei pharhâd anghyffredin.

Pa hogyn drwy'i dail pigog – at y nyth
   'Nas tyn ei waed llifog?
 Uchel yw, noddfa a chlog,
 I aderyn deorog.

Ehediaid mewn brys heb oedi – at hon
   Tynnant mewn caledi,
 Ba ryfedd? Hwy gânt brofi,
 Ei hygar nawdd a'i grawn hi.

Adseinia'n gwlad gan uchel floeddiadau,
A phlant a'i gofwyant o'u pell drigfannau;
O mor odiaeth yw ei hymroadau,
Am y gelynnen ddinam ei gleiniau
Yn addurn i'n haneddau, – gan hardded
Yw i'w gweled yn amser y gwyliau.

(Yr oedd y gerdd hon yn fuddugol yn Eisteddfod Gelli-gaer, Dydd
Nadolig, 1850. Cyhoeddwyd hi yn *Cymru* 1915. Gwelais fersiwn tebyg
ohoni – ar y testun **Y Gaeaf** – yn un o lyfrau cyfrifon Ieuan yn Llyfrgell
Amgueddfa Werin Sain Ffagan. Y gwahaniaeth pennaf yw bod englyn arall
ar gychwyn y gyfres englynion. Dyma'r englyn:

    Heddiw ar frig y dderwen – ni welaf
        Gain olwg un ddalen;
    Braidd y gwelir deiliog bren
        Yn Ionawr, ond Celynnen.)

**Anerchiad Ieuan ab Iago, Pont-tŷ-pridd i Gyfarch y Beirdd ar y Maen
Chwŷf, Alban Elfed, Medi 28, 1850**

O wir serch chwi anerchaf
Ar faen tew ger Afon Taf

    Am wir addysg ymroddaf, – yr orsedd
        O wirserch a berchaf;
    Is haul, ba orsedd meddaf,
    Sydd tu hwnt i Orsedd Tâf?

    Angorau gwaith Angharad,
    Digon gwir, hir ei pharhâd,
    Ond tra môr ac angorau
    'N'hiaith abl fo parabl ein pau.

    Ein gorwych deidiau gwladgarol – gododd
        Y gadarn iaith swynol
    I fri – os byddwn ni'n ôl,
    Yr oes hon – mae'n resynol.

    Mynn Brychan hyf a Myfyr,
    Dau ddidwn, na fyddwn fyr
    O noddi yn fwyn adden
    A mawrhau iaith Cymry hen.

    Arferion mad ein tadau – a'u gwiw ffrwyth
        Gyffry ein teimladau;
    Y mae gwedd ein carneddau,
    O'n cylch, yn ein bywiocáu.

Haf gwelwn y maen hwn mewn man hynod
I'r ofyddion a beirdd yn ryfeddod,
Cymry yn ddios a wnaeth ei osod
Er cynnal yma ddihafal ddefod.
Wele sarph ar le sy od – cu achles,
A chloi ei mynwes â cholomennod.

Dewr addysg roes y Derwyddon – didwyll
   I'n hen deidiau dewrion,
  A bu urddo ein beirddion
   Er gwell – ar y garreg hon.

Cydymdrechwn a noddwn eiddunol
Y gwir achos teilwng a gorwychol,
Codwn ein gorsedd hen a rhinweddol
O bur nwyf weithian i'w bri hynafiaethol,
Yn hyn na fyddwn yn ôl – fel yn fad
Erys ddylanwad i'r oes ddilynol.

(Ll.G.C. Llawysgrifau Ieuan ab Iago)

Y Derwydd
(Tôn: Ar Fore Teg)

Ar fore teg tan ael y bryn
Canfyddais dderwydd barfog syn
Yn tremio'n athrist tua'r glyn.
Anturiais ofyn iddaw:
"O Dderwydd, gysegredig wedd
A barcha'r gwir, a feithrin hedd,
Ar foncyff crin pam gwnei dy sedd
Mewn prudd unigedd distaw?"

"Fy mab," atebai'r Derwydd mad,
"Trwy fy ngwythiennau gwylltia'm gwa'd
Wrth ganfod rhagfarn, twyll a brad,
Dirywiad gwlad yr awen.
Pa ddrwg a wnes i'n cenedl ni
Sy'n ceisio iselhau fy mri
Os o gydwybod byddaf i
Yn addoli tan y ddeilen?

"Enllibion gwawdlyd llawer rhai
O groth y wasg dardd yn ddi-drai;
Ymdrechion ofer brofi bai
Derwyddiaeth a'i diwreiddio.
O am weld gwawr yr oesau pell
Pan oedd ein gwlad yn ganmil gwell,
Cyn dyfod twyll penboethni hell
A dichell i'w chadwyno.

"Ymlaen yr af, heb ofn ni'm dawr,
Er enllib gwŷr y murmur mawr,
E ffy pob lilipwtaidd gawr
Rhag treiddiawl mawr wirionedd.
Mae gwersi moesawl pur eu sail
Ymhlith y sêr, ymhlith y dail,
Drwy rym ein Peryf daeth diail
Drwy adail natur geinwedd.

"Pan deithiwyf wrth oleuni dydd,
O'r fath ddiddordeb imi sydd
Wrth ganfod blodau blydd
Ar feysydd natur helaeth.
A phan ddaw'r nos i dynnu'r llen
Dros wedd y rhain mi goda 'mhen
Er canfod disglaer lampau'r nen
Yn Llys Ceridwen odiaeth."

(Ar sail ei safle yn nhrefn Llawysgrifau Ieuan ab Iago, Ll.G.C., awgrymir i'r gerdd hon gael ei sgrifennu tua 1845. Eto ni ddaeth Derwyddiaeth – neu Dderwyddon y Maen Chwŷf – a'u gweithgareddau'n bwnc llosg yn y wasg am rai blynyddoedd wedi hynny.)

Teimladau Mam at ei phlentyn cystuddiedig

Wele y fam annwyl a fu – echdoe
Heb nychdod yn gwenu,
Ond yn awr mae ei gwawr gu
A'i thegwch yn gwaethygu.

Annwyl un mor wan ei lef – o'i ethryb,
   Athrist yw ei ddolef;
O'i bodd dymunai oddef
Hyn o loes yn ei le ef.

(Daw'r ddau englyn yma o gyfres o chwech a anfonodd i'r *Gymraes* dan y ffugenw, Meudwy Glan Rhondda ond methais ddod o hyd iddynt. Ceir y copi yn Ll.G.C., Llawysgrifau Ieuan ab Iago. Nodir y dyddiad Ebrill 8, 1850, wrthynt.)

Ymweliad Offeiriad â'i Blwyfoges Gystuddiol

Aeth hen offeiriad duwiol, rhyw dro i ofyn hynt
Hen Lowri dlawd gystuddiol o ardal Bwlch-y-gwynt,
Prysurodd yn ei ymdaith ar gefn ei gaseg gref
Rhag ofn i'r henwraig farw cyn cael ei fendith ef.

Rôl mynd i mewn i'r bwthyn a chael rhyw fath o sedd,
Edrychodd mewn tosturi ar Lowri wael ei gwedd
Gan ddweud: "Er eich cysuro mi ddeuthum gyda nwyf
Yn unol â dyledswydd, gweinidog penna'r plwyf."

Lowri:
"I chwi rwyn dra diolchgar, o byddwch megis brawd,
Trwy roddi ryw elusen i wreigan glaf a thlawd.
Nid ydyw deunaw'r wythnos i mi ond cymorth gwan,
Addawyd hanner coron o'r Union i fy rhan."

Offeiriad:
"Na fyddwch mor ddaearol, mi ddeuthum atoch chwi
Er gweini maeth ysbrydol drwy rin fy mendith i!"

Lowri:
"'Nôl i chwi roddi'ch bendith, i mi pa lês a ddaw?
Gwell gennyf hanner gini i'm llonni ar fy llaw!"

Offeiriad:
"Mi garwn i chwi ddeall, nad arian rwyf am roi,
O lwybrau pechod aflan wyf am i'ch druan droi."

Lowri:
"Chwi fyddech chithau'n druan, er maint eich bol a'ch ceg,
Pe byddai'ch corff ar gerdded am bedwar-dydd-ar-ddeg!"

Offeiriad:
"Mae Satan yn gwau rhwydau ar hyd ein llwybrau llawn,
Trwy bechod mae eich calon yn ddrwg ac aflan iawn!"

Lowri:
"Nid cynddrwg yw fy nghalon, camsynsoch ar y lle,
Mae'r boen o ben fy ysgwydd i lawr i'm ystlys dde."

Offeiriad:
"Fy nghalon sydd ar waedu o fewn eich llety llwm,
Mae'n dywyll, tywyll arnoch ar wely cystudd trwm."

Lowri:
"Mi stwffiais y ffenestri er atal gwynt a lluwch
Nes bod y lle mor dywyll o'r braidd â bola buwch."

Offeiriad:
"O am eich argyhoeddi o'ch hanystyriaeth mawr,
Mae'n amlwg fod eich pabell o bridd bron dod i lawr."

Lowri:
"Rwyf o'r un farn a chwithau, rwyn ofni'r ddamwain ddu,
Mae ieir Twm Shon yn crafu o dan sylfeini'r tŷ!"

Offeiriad:
"Pa lês i'm aros yma, ymadael gwell i mi,
Ni feddaf unrhyw obaith am eich hachubiaeth chwi!"

Lowri:
Pwy sydd am i chwi aros, gallasech fynd yn gynt,
Ni fu erioed eich ffalsach yn ardal Bwlch-y-gwynt!"

(Llawysgrifau Ieuan ab Iago, Ll.G.C. Ceir y dyddiad Mehefin 11, 1863, wrthi. Mae'n un o lu o gerddi Ieuan am anffodusion a thlodion. Ceir amryw o gerddi ar ffurf ymddiddan ganddo, o bosib er mwyn eu canu.)

Y Bardd a'r Bugail

Bardd:
Os un o'm cenedl ydwyt ti,
Hen fugail pen y bryn,
O dyro'th wresog law i mi,
A gwasg yn dynn.

Bugail:
O fardd, hen Gymro aiddol wyf
Sy' groes i dwyll a brad,
Ni oddef fy ngwladgarol nwyf
I'm wadu'm gwlad.

Y Ddau:
Os gorfoledda'r gelyn
O ladd Llywelyn gynt ein Llyw
Yng ngwlad yr awen bêr a'r delyn,
Mae'n hiaith, mae'n hiaith yn fyw.

Bardd:
Proffwydodd rhai y bydd ein hiaith
Yn marw cyn bo hir,
Hyn ddaroganwyd lawer gwaith.
Pa beth sy' wir?

Bugail:
Yr hyn sy' wir – ceir yn ein mysg
Yr Eisteddfodau cu,
A chydymdrechwn, feibion dysg,
O'u plaid yn llu.

Y Ddau:
Os gorfoledda'r gelyn &c.

Bardd:
Gwladgarol oedd ein tadau gynt
Er rhwystrau fyrdd a mwy,
Ymdrechwn ninnau ar ein hynt
Fel gwnaethant hwy.

Bugail:
Y gornant draw ni rydd ei si,
Fel cynt er fy moddhad,
Cyn byth yr ymollyngwyf i
Fradychu'm gwlad.

Y Ddau:
Os gorfoledda'r gelyn &c.

(Nodir fod hon yn ddeuawd i'w chanu ar dôn o waith Taliesin James. Llawysgrifau Ieuan ab Iago, Ll.G.C.)

Wyth Englyn i Dŷ Marchnad Newydd Aberdâr

Diddan yw in' ganfod heddiw – wiw dŷ
   Marchnad hardd digyfryw
  Aberdâr, nid heb raid yw
  Ei les-had, cyfleus ydyw.

Mae'r addas dŷ mawreddog, – hardd iawn,
   Ar ddull pedwarochrog,
  A tho glas* yn brydferth glog;
  Y wedd arnaw'n addurnog.

Iselwyd yn ddwfn ei seiliau – trwchus,
   Tra uchel ei furiau;
  Agwrdd ynt ei attegau
  Hirion, heirdd, i'w gadarnhau.

Addas yw ei dda sarn, – wele o'i fewn
   Golofnau o haearn,
  A barau'n groes, nid oes darn
  Nac ydyw'n eithaf cadarn.

Muriau, nas dichon mawrwynt, – chwaith na glaw,
   I dreiddiaw gwn drwyddynt,
  Cerrig naddedig ydynt,
  Cerrig rhwym – mal craig yr ŷnt.

**gwydr, nid y lliw glas a olygir yma*

Y ddau borth iddo berthyn – yn ddiau
   Sydd eang a dillyn;
Gwiw reidiau a geir wedyn
Ar bob tu er denu dyn.

Diwygiad i'n cymdogaeth, – a dir ffawd
   Gawd drwy'r cledrffyrdd odiaeth;
"Tŷ'r Farchnad" 'chwanegiad wnaeth
Yn wychawl i'n masnachaeth.

Eangle, o tan dy gronglwyd – corau
   Cywrain a sefydlwyd,
Er llog, tŷ ardderchog wyd,
Er perwyl da'th ddarparwyd.

(Cyhoeddwyd yn *Gardd Aberdâr – yn cynnwys Cyfansoddiadau Buddugol yn Eisteddfod y Carw Coch, Aberdâr, Awst 29, 1853.*)

Cân Anerchiadawl

(I Richard Fothergill, Yswain, ar ei ddyfodiad i ail-gychwyn
Gwaith Cwm-gwrach, Cwm Nedd)

Wi! Cydorfoleddwn a rhoddwn fawrhad
It', Fothergill, Yswain, ŵr mirain a mad;
Wladgarwr diffuant, ceir mwyniant tra maith
O'th ddyfod i'r Glyn i ail-gychwyn y gwaith.

E barodd y newydd orwenydd di-rith,
Dy ddyfod, fonheddwr, a'n pleidiwr i'n plith;
Pob gradd yn dra aiddawl, hoff unawl i'r ffawd,
Ar sail dy ryglyddiant gyhoeddant dy wawd.

E wawriodd y dydd er llawenydd tra llawn,
Tan deimlad o fawrbarch dy gyfarch a gawn;
Y gweithwyr mewn nwyfiant orwenant yn iach,
Gan ddyrchu banllefau trwy gyrrau Cwm-gwrach.

Ein gobaith oedd wanaidd, yn farwaidd e fu
Y gwaith, er ing gweithwyr, colledwyr fu llu;
Ni gawn well amserau, da seiliau in' sydd,
Trwy rin dy ddylanwad adfywiad a fydd.

O! cyfyng iawn oedd ar deuluoedd fu'n dlawd,
Yn wyneb anghenion, oer gwynion a gawd;
Er hynny cyn hir cyfnewidir eu hiaith,
Pan welir y gweithwyr, llon wŷr, mewn llawn waith.

Cyfleus iawn yw'r gwythi, hoff inni y ffaith,
A geir yn ein hardal at gynnal y gwaith;
Heblaw hyn o gysur, i'r gweithwyr mor gu,
Fod meistr cyfoethog, anturiog o'u tu.

Mae'r gledrffordd gyfagos yn dangos bob dydd
I fasnach ein gwlad y llwybreiddiad a rydd;
Mwy gwaith iddi rhoddir, gwybyddir nid bach
Fydd cynnydd haearnol rhagorol Cwm-gwrach.

Bydd yma ddiwygiad, mwy galwad yn glau
Am nwyddau gwir reidiol perthynol i'n pau;
E'n breintir â mawrlwydd, er arwydd o hyn,
Traidd sŵn y ffwrneisiau trwy gonglau y Glyn.

Er tyfu o'r glaswellt, yr irwellt ar hyd
Y llwybrau, – tramwyir, hwy gochir i gyd;
Y tai oedd heb ddeiliaid am ysbaid tra maith,
Sydd lawn o breswylwyr, myg weithwyr y gwaith.

Y gwaith yn cynyddu, pob teulu'n gytûn,
Y gwŷr gyda'u gwragedd yn llonwedd eu llun;
A'u plant heirdd o'u deutu yn gwenu'n eu gŵydd,
Heb arwydd o brinder, ond llawnder a llwydd.

Y meistr a'r gweithwyr yn bybyr heb ball,
Weithredant yn gynnes er lles naill y llall!
Rhagorwych hoff gariad iawn sad fydd y sedd
Ddisigl er ffyddlondeb, dewr undeb a hedd.

Hawddamor o'r galon it' hylon ŵr hael,
O! bydded i'th feddiant hir fwyniant, pêr fael;
Na foed edifeiriwch dielwch o'r daith
A wnaethost, anwylddyn, trwy gychwyn y gwaith.

Gwir barch it' sy gymwys, ddyn mwys, ym mhob man,
Boed iechyd, llawen-oes, hir einioes i'th ran;
A phan raid ymado, mwyn huno mewn hedd,
A mwyniant dedwyddyd 'nôl bywyd a bedd.

(Daw'r gân hon eto o *Gardd Aberdâr*. Nid oes dim i nodi a oedd yn fuddugol a'i peidio. Mae'r gor-ganmol yn awgrymu mai dychangerdd yw hi. Ym 1853 yr oedd Richard Fothergill mewn helynt yn Aberdâr oherwydd ei siopau *truck* amhoblogaidd. Tua phum mlynedd cyn hynny bu mewn ymrafael cyfreithiol chwerw gyda'r Dr William Price ynglŷn â'r fferm oedd yn eiddo i dad Price yn Y Rhydri. Gan i Ieuan lunio cerdd o glod digon diffuant i William Price (gweler tud 130) gellir bod yn weddol ffyddiog mai dychangerdd yw hon. Wedi hynny, daeth Fothergill yn fwy rhyddfrydig ac etholwyd ef yn gyd-Aelod Seneddol Merthyr ac Aberdâr gyda Henry Richard ym 1868 – â Henry Austin Bruce ar waelod y pôl.)

Marwolaeth Alaw Goch

Alaw Goch, anwyla' gâr – ei genedl
   A'i ogoniant llachar;
Ein Dafydd, ffyddlon, difar
Ow, mwy nid yw ond mewn da'r.

Ystyriol llawn tosturi – tel ydoedd
   At dlodion mewn cyni.
Gwalia deg, a weli di
Ail i hwn mewn haelioni?

(David Williams (1809 – 63) oedd Alaw Goch. Roedd yn berchennog pyllau glo, yn ŵr poblogaidd yn Aberdâr, yn fardd ac Eisteddfodwr. Ll.G.C. Llawysgrifau Ieuan ab Iago.)

Penillion o Fawl i William Price, Yswain, Meddyg, Porth-y-glo, am ei gywreinrwydd effeithiol yn lleihau y dolur hir a dirdynnol a flinodd William Jones, Gelli-gaer

Yng Ngelli-gaer gwelwyd gŵr llwyd tan gur llym
Fu'n goddef hir fisoedd nes roedd yn ddi-rym,
Sef William Jones, glowr, ei gyflwr oedd gaeth,
Tan bwys ei fawr orthrwm yn wargwm yr aeth.
Cyffuriau'n ddieffaith – anobaith yn awr,
Cynyddodd ei ddolur trwm hirgur tra mawr.

Adfywia f'awenydd i'r newydd roi nod
I'r meddyg defnyddiawl rhyglyddawl ei glod
Sef William Price, Yswain, gŵr mirain a mad,
Dihafal ei foddion i gleifion ein gwlad;
Ei law drwy'i gywreinrwydd yn rhwydd wna ei rhan
I adfer i iechyd a gwynfyd y gwan.

O barch i'w ymdrechion dros gleifion mewn gloes
Teilynga ein Hyswain arwyrain yr oes.
Gŵyr natur clefydau a'r moddau er mael
I weini yn ddiau gyffuriau di-ffael.
Trwy gyfrwng y cywrain bu mirain les mawr
I lawer oedd glafaidd a gwaelaidd eu gwawr.

(Yr enwog Ddoctor William Price, Llantrisant, yw gwrthrych y gerdd hon. Yr oedd yn byw ym Mhorth-y-glo, Pontypridd, ym 1846, sef y dyddiad ar y gerdd. Ll.G.C. Llawysgrifau Ieuan ab Iago. Cynigiwyd gwobr yn Eisteddfod Gelligaer, Dydd Nadolig 1848, am gerdd i William Price a'r gwasanaeth meddygol a ddarparodd i'r glowyr. Ni wyddys a fu i Ieuan gynnig ar y gystadeuaeth – os do, bu'n aflwyddiannus. Hwyrach bod y gân yn anhestunol. Beth bynnag, yr enillydd oedd y tribannwr ardderchog, Thomas Williams, Twm Cilfynydd.)

Daioni Gweithiau Gwlân Caerffili

Mor hyfryd i'm clustiau yw dadwrdd y cribau
Gwiw reidiol aur rodau y borau pan fydd
Pawb wrth eu gwahanol orchwylion neillduol
Drwy'r buddiol iawn ethol wlad-weithydd.

Hoff weithiau gwlân odiaeth Caerffili a'i chymdogaeth
I luoedd bywoliaeth wir helaeth a rydd
Rhag dyfod brwyn tlodi, ymdrechol yw'r meistri
Er gweini daioni dywenydd.

Canfyddir hen wragedd a gwlân rhwng eu bysedd
Er mwyn caffael meinwedd edafedd fo deg,
Y garwaf ddeolant, y tecaf er tyciant
Ddetholant, ni oedant un adeg.

Mae'r gweithiau cysurlon er budd i gribyddion,
I nyddwyr, lliwyddion, gwehyddion tra gwych,
Heb sôn am niferi o fân-blant sy'n gweini,
Gan brofi'n daioni dianwych.

(Tebyg bod y gân hon yn perthyn i'r 1830au. Ll.G.C. Llawysgrifau Ieuan ab Iago.)

Diwygiad

Da hygar yw'r diwygiad – odiaethol
  Ei deithi anwylfad;
Mae ynwyf ddwys ddymuniad
Weld ei wawr ar glawr ein gwlad.

Tyrd ddiwygiad llad, lleda; – dy rinwedd
  Dirionwych a'n llonna;
Iaith heddwch a'th wahodda
Drwy geisiau cael deddfau da.

Diwygiad eurfad a orfydd – gamwedd
  Degymwyr diddefnydd,
A gyrr ei des mal gwawr dydd
I'r gweiniaid er eu gwenydd.

(Detholiad o gyfres o englynion a luniwyd yng Ngorffennaf 1834. Nid diwygiad crefyddol sydd yma, ond Deddf Diwygio'r Senedd 1832. Ll.G.C. Llawysgrifau Ieuan ab Iago.)

Y Degwm

Du gamwedd yw degymu
Yr hyn wna dyn ei feddu,
Mae'n groes i bob cydwybod fyw
Nid teilwng yw ei dalu.

Hoff iawn yw gwartheg, meddynt,
A mawr y lles geir trwyddynt;
Nid bach yw talu i wŷr y llan
Y degfed ran ohonynt.

(Mae Ieuan ab Iago yn nodi ei fod yn byw yn Aberbargod pan sgrifennodd y ddau driban yma. Y dyddiad arnynt yw 1834. Ll.G.C. Llawysgrifau Ieuan ab Iago.)

Cân yr Adfywiad
(Ar Agor y Gledrffordd newydd yng Nghymdogaeth y Bontnewydd a Mynwent y Crynwyr)

Mor hoff gan wladgarwyr yw gweled arwyddion
Am gynnydd Masnachaeth trwy gyrrau eu gwlad,
Ynghyd â mawr lwyddiant anturwyr dewrgalon
Agorant lo-weithiau er dirfawr lesâd.
Er bod yng ngrombiliau ein parthau mynyddig
Ddefnyddiau trafnidiaeth – cyflawnder o lo,
Tra difudd i'n ydyw'r trysorau cuddiedig
Heb gaffael cyfleustera i'w cludaw drwy'n bro.
Wi! Lloned y meistriaid – boed elwch i'r gweithwyr,
Ceir gweld cledrffordd newydd, dynesu mae'r dydd,
Gerllaw y Bontnewydd a Mynwent y Crynwyr
Er llês cyffredinol – adfywiad a fydd.

Ymdrechwch eich gorau chwi weithwyr llafurus,
Er cymaint eich rhwystrau, i dorri trwy'r tir.
Mae angen yn galw, yr ydym awyddus
Am weled gorffeniad y gledrffordd cyn hir.
Chwychwi berchenogion glo-diroedd toreithiog
Deffrowch, y mae'r adeg yn buan nesâu;

Cewch gyfle i werthu eich mwynau godidog
Er mael i chwi'ch hunain a chysur i'n pau.
Chwibaniad atseiniol y cyflym beiriannau
Fydd mal yn gwahôdd y defnyddiai sy 'nghudd
I ddyfod i'r amlwg o fynwes y bryniau
I'r diben o'u cludo drwy'n goror er budd.

Tra syllwyf o'm hamgylch, gerllaw i'r Bontnewydd
A Mynwent y Crynwyr, bodlonrwydd a gaf;
Pa faint mwy pan welwyf adfywiad er gwenydd
Ar lennydd Nant Bargod a glennydd y Taf?
Glo werthir newyddian drwy yr holl gymdogaeth,
Mawr alwad am weithwyr i'r dyheu o gael
Y buddfawr lo allan er meithrin masnachaeth
Achlesol ei rinwedd bydd felys y fael.
Y coedydd a gwympir, diwreiddir boncyffion
Gan wneud dyfnffordd trwy diroedd tra llaith
Er mwyn adeiladu aneddau newyddion
I'r gweithwyr berch'ogion yn agos i'r gwaith.

Mawr fydd yr adfywiad ein masnach yn llwyddo
Yr hyn bair anogaeth i lawer y sydd
Yn meddu ar olud i'w addas ddefnyddio
Trwy godi anedd-dai – mawr log iddynt fydd;
Masnachdai cyfaddas yn llawn o bob lluniaeth
Pa rai a drosglwyddir drwy'r gledrffordd mor rhad
I fuddiol ddiwallu'r trigolion yn helaeth
A maeth angenrheidiol er hoen a llesád.
Ar hafaidd brynhawniau'r ardalwyr gyd-gerddant
Mewn undeb, er iechyd ar lechwedd y bryn,
Tra difyr glustfeiniant ar leisiau y mân-blant
Ddeuant wrth chwarae yn atsain trwy'r glyn.

Trwy leoedd llawn disathr go-is y clogwyni
Gwneir llwybrau tramwyol o'r anialdir gwael.
Lle tyfodd yr ysgall, y drain a'r mieri
Trwy gyfrwng diwydrwydd wrteithir er mael;
Lle gwelwyd y tewfrwyn a'r llwyni eithinog
Yn lledu eu dinistr – ceir gweled yn glau

Ragorach golygfa, sef gerddi blodeuog
A'r ffrwythau meithrinol a chweg i'n llesáu.
Boed llwyddiant yn gwenu ar y preswylyddion,
Gwir undeb a chariad flodeua'n eu mysg
Er eu lles eu hunain, a lles eu llafurwyr
O bydded adfywiad mewn rhinwedd a dysg.

(Dyddiad y gân hon yw 1841. Ll.G.C. Llawysgrifau Ieuan ab Iago. Mae'r disgrifiadau'n awgrymu mai cân yw i ddathlu agor y rhan o Reilffordd Dyffryn Taf o Abercynon i Ferthyr. Rwyn dyfalu mai Pontypridd yw'r Bontnewydd; rai blynyddoedd wedyn y daeth Ieuan i Bontypridd a hwyrach nad oedd yn gyfarwydd â'r enw Cymraeg. Mae'n bosib, wrth gwrs, mai pont reilffordd Goetre'r Coed sy'n croesi'r dyffryn ychydig uwchlaw Mynwent-y-Crynwyr yw'r Bontnewydd. Dylid nodi bod dwy Nant Bargod - Nant Bargod Rhymni sy'n llifo i afon Rhymni, a Nant Bargod Taf sy'n llifo i afon Taf ym Mynwent y Crynwyr. Agorwyd rheilffordd o Fynwent y Crynwyr i Lancaiach yr un pryd a'r brif lein; honno fyddai'n cludo'r glo – o lofeydd Powell Dyffryn.)

Triban i ŵr a Syrthiodd Lawr Grisiau Tafarn y Llanofer 'rôl yfed gormod

Lle 'nafus yw Llanofer
I ddyn fo'n yfed llawer,
Fe syrthiodd William Morgan Fawr,
Ŵr salw, i lawr i'r seler!

(I John Jones, y Llanover Arms, y mae'r diolch am gopi o'r triban hwn.)

Rhiw Alsi
ym Mhlwyf Mynydd Islwyn)

Wfft fyth i Riw Alsi, Och fi! Dyna riw,
Bu'n agos a gwneuthur fy esgyrn yn friw;
Mi deimlais fy nglunnau a'm calon yn wan
Wrth gerdded Heol Alsi, yn rhyw fodd i'r lan.

Bryd hyn ar Heol Alsi 'roedd ceffyl a char;
Y ceffyl oedd denau heb flew ar ei war;
Yr heol oedd ddyrys, garegog a chul,
Nid heol i geffyl, ond heol i ful.

Roedd Iago, fy machgen, bryd hyn yn lled falch
Pan oedd ym marchogaeth ar ddau bwn o galch.
Ond gwaeddodd fy machgen yn llawen a llon,
"Mae'r ceffyl bron marw, rhiw arw yw hon!"

"Taw sôn," ebai'r perchen, "ni wyddost ti ddim,
'Does ym Mynydd Islwyn un ceffyl o'i rym!"
Er hynny 'roedd Iago yn crïo fel cawr,
"Mae'r ceffyl, yn danto, bron cwmpo i'r llawr!"

Y rhiw oedd cyn serthed, a rheswm da pam
Y safai'r hen geffyl yn agos bob cam.
Ar hyn tynnai'r perchen hir ierthyd o'r berth
Gan guro'r creadur oedd wan iawn o nerth.

"O peidiwch a churo'r creadur di-flew,
Nid ydyw'r esgyrnog, 'nalluog fel llew!"
"Na, na!" ebai'r perchen, braidd yn hanner dig,
"Nid oes brinder esgyrn, ond prinder o gig."

Dwedais, nid llawer o gig byth a gaiff
Os ar hyd Heol Alsi yn fynych yr aiff,
Mae unwaith y flwyddyn yn ddigon yn wir
I farch neu i geffyl rhagora'n y sir.

Ffolineb alltudio rhyw ladron di-glod
Tra byddo Rhiw Alsi i boeni mewn bod;
Fe ddylid mewn blwyddyn roi pobun yn rhydd
A gerddo heol ddiffaith ond dwywaith y dydd.

Pe buaswn ond gwybod pan wrth Bont-llan-fraith
Y cawn fath riw ffiedd cyn diwedd y daith
Mi fuaswn, rwyn coelio, yn ceisio a'm dwy goes
Gael pen draw i'm siwrnai drwy ffordd Gelli-groes.

(Daw'r gerdd ddifyr a doniol hon o Ll.G.C. Llawysgrifau Ieuan ab Iago.
Mae'n dyddio o'r cyfnod 1838 – 41.)

Tribannau i Gath

Y gath er budd y gweithwyr
Sy'n wychawl i fasnachwyr,
Yn eu nerth ei gwerth, yw'r gwir
Ddaioni i'r tyddynwyr.

Tra rhyfedd y rhinweddau
A bair mewn ysguboriau,
Ni âd i'r llygod hynod hy
Fyw fory mewn llafuriau.

Y gath a ladd y gwaddod,
Hyll agwedd ddifa'r llygod,
A'i cadw draw rhag briwiaw'r brag
A'r cywion a'r cywennod.

Y gath drachefn rydd ddefnydd
Fael annwyl i felinydd,
Rhag llygod ffrengig, lythig lwyth,
Arbeda ffrwyth a bwydydd.

A rywfodd mae'n rhyfeddol
Na fyddai treth 'chwanegol
Oherwydd cymaint rhinwedd cath
O gadw'r fath un gedol.

(Ll.G.C. Llawysgrifau Ieuan ab Iago. Dyddiad y gerdd, 1837.)

Y Drive
(I alaw Billy O'Rourke was a Boy, Sir)

Rhai rhyfedd iawn sy yn y Mount
Wrth bob account amdanynt,
Mi fûm yn nhŷ Wil Morgan Sam
Yn holi am eu helynt.
Ar ryw ddiwrnod, ar fy ngair,
E welwyd tair gwraig wiwlon
Yn mynd mewn trap mewn modd di-nam

A'u cynnig am Gwm Cynon.
Wrth gwrs, roedd ganddynt ddreifar braf
Sef Dan y *Navigation*.

'Nôl croesi'r bont, ac lawr i'r trip,
'Doedd eisiau chwip, rwyn gwybod,
Ar gefn y gaseg hardd ei llun,
Mae hon yn un mor hynod.
'Nôl myned heibio'n llon ac iach
I'r Allens, a Chroseli,
A phasio wedyn mewn *speed* dda
Y Barricks, a Whillberi,
Heb feddwl fawr y byddai *stop*
A chwympo *topsy-turvy*.

Cyn cyrraedd *twinpic* Cefan glas
Bu damwain gas echrydus;
Bu darfod ar y *sprec* a'r *fun*
Drwy hynny yn druenus.
Gofynnodd Dan am binsh o snyff,
Yn ei ddull ryff cyffredin,
Gan wenu ar y gwragedd teg
A charthu'i geg â chwerthin,
Fe dorrodd shafft y trap – neu'r car –
A Doli ar ei deulin.

Trwy bellach ffaelu mynd ymlân,
Jones a'r ddwy Sian yn tynnu,
Yr oedd y *Driver* lawer gwaeth –
Ar unwaith aeth i grynu.
Y gaseg fach oedd ar y llawr -
Wnaeth Daniel fawr ddaioni -
Ar ei benliniau bu am sbel
Arwyddo fel ar weddi;
Fe waeddodd Sian o dan y llwyn,
"Y Bwbach, cwyn y babi!"

Fe gododd Sian y babi i'r lan
A gwnaeth y plan yn gryno

A pharodd ei hymdrechion hi
I Ddaniel i ddihuno.
Hi ddwedodd, "Dan, ewch at ddyn dwys,
Mae'n byw ar bwys y Basin.
Cynorthwy ganddo, gwn a gaf,
Un sionc yw Dafydd Shincyn.
Os dwedwch wrtho ni mewn pang,
Mewn ffratach anghyffredin."

Cyn hir daeth Dafydd yno'n awr
A Dan, er mawr daioni,
I gyrchu'r trap ynghyd â'r rhain
Cyn amser train rhag tr'eni.
Fe awd â'r trap, gerllaw i Daf,
Ar gais i'r *Navigation.*
Yr ydoedd Daniel a'i drwyn cam
Yn ynfyd am ei anfon
I Aberdâr, mewn modd di-goll
Er gwaetha'i holl archollion.

Y gwragedd mwyn wrth ddod yn ôl
Fu'n siriol ymgysuro,
A lan i'r Mount, trwy nerth y train,
Fe ddaeth y rhain yn gryno.
A boed gan Ddaniel ar bob awr
Ryw ofal mawr wrth ddreifo
Rhag iddo ddigwydd gwneuthur fflat
O'r unrhyw natur eto,
Gwell yw dibrisio tyllau'r trwyn
Na cholli'r ffrwyn o'i ddwylo.

(Ll.G.C. Llawysgrifau Ieuan ab Iago.)

Englynion yn condemnio ryw ustus dienw

Wele adail y diawledig – ustus
   Cestog a mileinig,
  Anaddas ŵr bonheddig,
  Llwyr ddifawl yw y diawl dig.

Oherwydd fod ganddo arian – a thai
A thir, barna weithian
Gall yn hollol, ddyn siolwan
Wthio i'r gors weithiwr gwan.

(Dyddiad yr englion hyn yw 1847. Ll.G.C. Llawysgrifau Ieuan ab Iago.)

John Frost y Twyllwr

Boed co' it dwyllo deillion – anffodus
I ffwdan echryslon.
Onid cam it, fab mamon,
Droi naws hedd y deyrnas hon?

Achwynion ac aml ochenaid – galar
Glywais gan amddifaid;
Llwyr a blwng waith twyllo'r blaid
Lawn aros i'w blaenoriaid.

Wfft it' Frost, gwyddost mae gweiddi – mae'r gwaed;
Mor gas yw dy enwi;
Dy droeon di-ddaioni
Dydd y dâl a'th dodda di!

(Daw'r condemniad hwn o John Frost, arweinydd y Siartwyr yn Sir Fynwy, yn dilyn gwrthdystiad Casnewydd yn Nhachwedd, 1839. Er ei gydymdeimlad cyson gyda'r dosbarth gweithiol, teimlai fod awenau'r Siartwyr wedi mynd i ddwylo terfysgwyr – fuasai'n groes i ddaliadau'r heddychwr Ieuan ab Iago. Yr oedd yn adleisio'r don o wrthwynebiad a gododd, yn arbennig ymysg y dosbarth canol Cymraeg, i wrthdystio a gweithredu treisiol. Agwedd y Dr William Price oedd fod gwrthdaro'n anochel ac y dylid arfogi at frwydr. Gan na wrandawyd ar ei gyngor, ciliodd Price ac ni fu'n rhan o'r gwrthdystiad yng Nghasnewydd. Dadleuai Frost na fyddai gwrthdaro. Am hynny, mae'n debyg, y galwodd Ieuan ef yn dwyllwr, am dwyllo'r gwrthdystwyr drwy eu sicrhau y byddai'n orymdaith heddychlon. Yr oedd rhai cannoedd o lowyr o ardal Aberbargod wedi ymuno â'r cyrch a thebyg bod Ieuan James yn adleisio'u barn hwy o'r digwyddiad, hefyd. O dan yr englynion hyn ceir y ffugenw **Carwr Heddwch** a'r dyddiad Tachwedd 4, 1839. Ll.G.C. Llawysgrifau Ieuan ab Iago.)

I Garibaldi

Bildiwch i Garibaldi – hardd adail
　　Urddedig uchelfri,
　　Cerfiwch ar ei harddwch hi
　　Arwydd deyrn rhyddid arni.

(Ll.G.C. Llawysgrifau Ieuan ab Iago.)

I Mr John James, Crown Hotel, Aberdâr

Gwladgarwr yw'r gŵr o'r Goron – dyn tew,
　　Dyn tawel a ffyddlon,
　　Mae serch yn ei anerchion
　　Wrth ei swydd, sy'n werth ei son.

(Ll.G.C. Llawysgrifau Ieuan ab Iago.)

Blondin

Blinder fydd canfod Blondin – ar hyd
　　Y rhaff anghyffredin,
　　Ei wared ni wna'r werin
　　I lawr y daw, lwyr ei din!

(Mae'r englyn hwn yn enghraifft o awen ysgafn Ieuan ab Iago. Yr oedd Blondin, cerddwr y rhaff uchel, ar fin ymweld â Chaerdydd. Pwy ŵyr nad oedd yn adleisio, hefyd, y trafod a fu yn y *Controversialist* am y priodoldeb o dalu arian i weld campau megis yr hyn a wneid gan Blondin. Allan o **Bridges to Harps and Millionaires**.)

Englyn yn canmol cyfrol gan Alaw Ddu

Hoff gymorth diddan i ganu – er budd
　　Yw llyfr bardd awengu;
　　Am ddeunaw cael meddiannu
　　Y wledd hon gan Alaw Ddu.

(Cerddor o chyfansoddwr o Bwll-y-Glaw, ger Pont-rhyd-y-fen oedd

William Thomas Rees (Alaw Ddu) – 1838-1904. Pan oedd yn ei arddegau symudodd y teulu i Aberdâr. Bu byw am gyfnod yn Dinas, Rhondda, a daeth i fyw i Bontypridd ym 1864. Mae'n amlwg wrth yr englyn hwn fod Ieuan ab Iago ac Alaw Ddu yn gyfarwydd â'i gilydd a mwy na thebyg yn gyfeillion. Bu'n olygydd *Cerddor y Cymry*, ond yn ddiddorol, fe'i cofir yn bennaf heddiw am emyn dôn o'r enw *Glan Rhondda!* Daw'r englyn o un o lyfrau cyfrifon Ieuan ab Iago, Amgueddfa Werin Sain Ffagan.)

Beddargraff i'w osod ar feddfaen Catherine James a Lewis James, Aberpennar, Chwefror 1867

    Yr hon oedd yn wraig rinweddol – a mam
        Na cheid mwy teimladol;
    Aeth i'r glyn; er hyn ar ôl
    Erys ei chlod anfarwol.

    Ei gŵr annwyl gwiw yr unwedd – er ing
        Yma roed i orwedd
    O ŵydd byd. Ond ni chudd bedd
    Ei wir enw a'i rinwedd.

(O un o'r llyfrau cyfrifon yn yr Amgueddfa Werin.)

Englynion i Mr Aaron Cule ar ei ethol yn Warcheidwad ym Mhlwyf Llanwynno, Ebrill 12, 1869

    Y gwrda gaed yn gardian – Aaron Cule,
        Gwron cu ei amcan
    O ddidraws hynaws anian,
    Hoff ŵr hedd – e wnaiff ei ran.

    Nid rhyw flagard o gardian – a garwn,
        Ond geirwir ddyn diddan
    A ŵyr beth yw gwerth arian
    A châr gwir o ochr y gwan.

(O lyfrau cyfrifon Ieuan ab Iago, Amgueddfa Werin Sain Ffagan. Yr oedd Aaron Cule yn gymydog i Ieuan yn Mill Street, Pontypridd)

Eisteddfod Nadolig Gelli-gaer

Ffrwyth yr awen arbennig – a glywir
  Mewn gloywwaith goethedig;
Gresyn os bydd un dyn dig
Yn y delyn Nadolig.

Yn ôl ar ddydd Nadolig – a heibio
  Mae'n gobaith wŷr diddig;
Dewr waith ein heisteddfod drig
A gwawl hon yn galennig.

(O lyfrau cyfrifon Evan James, Amgueddfa Werin Sain Ffagan.)

Brawdgarwch

Ei ddeilaw a'i arddeliant – nodaf
  Yn nydd ing neu fethiant,
Dewrwych yw, wrth dorri chwant
A gwên ei brif ogoniant.

(O lyfrau cyfrifon Ieuan ab Iago, Amgueddfa Werin Sain Ffagan.)

Englynion i'w Rieni, Pant-y-trwyn, Mynydd Islwyn

Tyrd awenydd, tro dy wyneb – ataf
  Eto mewn prysurdeb,
I gofio llon diriondeb
Mam a thad, yn anad neb.

Diddanwch ydoedd yno – a chariad
  Gwych eirian yn llwyddo;
Serchogrwydd oedd arwydd o
Wir heddwch, heb farweiddio.

Rhagluniaeth helaeth olwyn – hon a'ch dug
  Chwi'i dir Mynydd Islwyn;
Ac hefyd mewn modd cufwyn
Y pwynt droes at Pant-y-trwyn.

Bywyd o hedd fo'ch meddiant – bob ennyd,
   Heb unwaith aflwyddiant;
"Bendith i'ch plith," medd eich plant,
"Ewyllysiwn eich llesiant."

(Ar y Dydd Byrraf, 1837. Ll.G.C. Llawysgrifau Ieuan ab Iago.)

Y Gaeaf
(Dydd byrraf, 1837)

Yn gauad tymor y Gaeaf – y daeth
   Eto y dydd byrraf;
Drwy'i ystod aml gawod gâf
A naws oer ei nos hiraf.

(Ll.G.C. Llawysgrifau Ieuan ab Iago.)

Liza Pant-y-llan

Canmoliaeth aml sydd
I ferched hoff fy ngwlad,
Pa le mae'r mab ni rydd
I wrthrych serch fawrhâd?
Awyddus iawn wyf i
'Nôl fy awenydd wan
I blethu cân i lodes lân,
Sef Liza Pant-y-llan.

Er ymbleseru'n hir
Ymhlith llancesau llon,
Ni theimlais gariad gwir
Nes i mi ganfod hon.
Yr holl gariadau gynt
Adewais yn y man
Gan hardded llun'r anwylaf un,
Hoff Liza Pant-y-llan.

A fedd yr awen fyw,
Pwy na ddyrchafai'i chlod?
Mwyn iawn a gwylaidd yw
Fel gweddai'i ferch i fod.

Hwn yw fy ngobaith dwys,
Os byth daw gwraig i'm rhan;
Boed honno'n ferch feddianna'm serch,
Hoff Liza Pant-y-llan.

(Tybed ai cân i Elizabeth, gwraig Ieuan, oedd hon? Ll.G.C. Llawysgrifau Ieuan ab Iago.)

Cân o ymddiddan rhwng mab a merch

Mab:
O gwrando, feinwen lwys,
Ar eiriau dwys dy gariad
Er fy nghysur difyr da
Ar unwaith gwna nymuniad
Sef addo dod yn rhwydd i'm rhan
Wiw g'lomen dan ymglymiad.

Merch:
Rhag cael fy'm denu i rwydau twyll
Gwell cymryd pwyll a gofal,
Nis gallaf roddi it' air o gred,
Dyn ydwyt, lled anwadal.
Rhag traethu geiriau'n ofer, clyw,
Mwy odiaeth yw ymadael.

Mab:
Tosturia 'nghariad, leuad lon,
Mae'r galon fach yn glwyfus;
Mae gennyt foddion don bur ras
I'm gwella os bydd gwyllys.
Am hyn rhag loes gwna wella'm clwy
Trwy siarad mwy cysurus.

Merch:
Nis gallaf goelio'th eiriau gwael
Heb i mi gael arwyddion,
Fel byddo hwy yn ffyddlon dyst
O glwyfau trist dy galon.
Nis gellu'm denu a'th dafod ffraeth,
Dy eiriau aeth yn oerion.

Mab:
Rho, Rebecca, fwyna'n fyw
I'r galon ryw ymgeledd,
Pe meddwn ar holl aur y glôb
Rhown i ti bob anrhydedd.
Ffarwel i bob cysuron maith
Ar unwaith heb dy rinwedd.

Merch:
Bydd yn galonnog Gymro glwys,
Ddyn dwys hoff eiddlwys ffyddlon;
Rwyn penderfynu gwneud dy erch
Trwy ddedwydd serch rwyn fodlon.
Er pob gofidiau eto ddaw
Rhof it' fy llaw a nghalon.

(Cerdd o'r 1830au mae'n debyg. Ll.G.C. Llawysgrifau Ieuan ab Iago.)

Onnen Fy Nhad

Bore da, i fy nghydwladwr,
  Gwyliedydd toriad gwawr,
I ble teithi'r dewr goedwigwr
  Â'th finiog fwyell fawr?
"Rwyn mynd i gwympo y derw a'r ynn
Gerllaw Carnedd Ieuan ar lechwedd y bryn."

Hoff yw carnedd braf fy nhadau
  Lle treuliais fore f'oes,
Man cês ddidwyll hyfforddiadau
  Ar lwybrau dysg a moes,
Yn agos i'r berllan roes gynt i'm foddhad
Mae onnen a blannwyd gan ddwylaw fy nhad.

Na fydd imi'n anghofiedig,
  Atolwg wyf i ti,
Cadw draw o'r garnedd unig
  Cans annwyl yw i mi.
Os perchi fy nheimlad a'm traserch goffâd
Gad lonydd i'r onnen a blannodd fy nhad.

Gan nas gwelaf ôl y llwybrau
  A deithiais mor ddi-nam,
Gan mai chwyn sy'n toi'r ardd flodau
  Gynt drwsiwyd gan fy mam;
Pwy fydd mor ddideimlad a rhoi caniatâd
I dorri'r onnen a blannodd fy nhad?

(O un o lyfrau cyfrifon Ieuan ab Iago, Amgueddfa Werin Sain Ffagan. Dyddiad y gerdd yw Mai 23, 1867.)

Y Sycamorwydden yn Ymyl y Nant

Mewn annedd gysurus tan gysgod clogwyni
  Y cefais fagwraeth ddi-nam,
Ac addysg yn fore er fy rhinweddoli
  Tan nawdd fy nhad a fy mam.
Hawdd cofio cael eirin mor flasus i'r preswyl
  Ar ddraenen wrth bistyll y pant;
Er hynny 'e gyfyd atgofion mwy annwyl
O'r sycamorwydden yn ymyl y nant.

Bu'n hoff gennyf rodio glan Bargod anwylaidd
  Ymdeithiai mor araf drwy'r glyn;
O mynych, tra mynych ei murmur sidanaidd
  A'm sïodd i gysgu cyn hyn.
Fy rhiaint gofalus gan serch yn ymddangos
  Mor ddedwydd wrth ganfod eu plant
Mewn hedd yn cydmolchi mewn crych ddŵr cyfagos
I'r sycamorwydden yn ymyl y nant.

Y sycamorwydden mor annwyl wyt imi
  Parch atat drwy'm mynwes a draidd,
Tynghedaf di, Bargod, pan gyfyd dy wynlli
  Rhag byth aflonyddu a'i gwraidd.
Wyf bell oddi wrthi, pa bryd y caf fyned
  I'w golwg, mae arnaf i chwant,
Boed gobaith i esgor ar fwyniant i weled
Y sycamorwydden yn ymyl y nant.

(O lyfrau cyfrifon Ieuan ab Iago, Amgueddfa Sain Ffagan; dyddiad y gerdd yw Mehefin 8, 1867.)

Y Cricedyn

Griced annwyl, dwed i mi,
  O ba le y daethost di?
Croeso i ti tan fy nghronglwyd
  A lle cynnes ger fy aelwyd.
Tyred, tyred eto â'th gân
Cyn y llwyr ddiffodda'r tân.
Mor naturiol fydd dy seiniau
Sy'n adfywio fy nheimladau.

Cana'r eos yn y wig,
  Gwlith y nef ireiddia'i phig,
Yn yr hwyr i lonni'm hanian
  Ti yw eos min y pentan.
Tyred, tyred &c

Hawdd y gelli roddi naid
  O dy gylch os angen raid,
Ond na ddyro naid cyn belled
  Na chaf eto'r fraint o'th glywed.
Tyred, tyred &c

(O lyfrau cyfrifon Ieuan ab Iago, Amgueddfa Werin Sain Ffagan. Awst 8, 1867.)

Cofion am Hen Gyfaill

Yn huno mae'r cyfaill a gerais mor gu,
Y cyfaill a'm carodd yr amser a fu,
Anobaith atalia i'm ddisgwyl y daw
I wenu'n fy wyneb ac ysgwyd fy llaw.
  Clyd ydoedd ei breswyl oleuwyd drwy'r dellt,
  Tan gysgod y dderwen – y bwthyn to gwellt.

Teithiasom ni filwaith yn araf o'r glyn
I'r hen ysgol wledig, dros glogwyn y bryn;
Cyd-oedi, cyd-chwarae, nes byddem mewn braw
O'n cosbi gan fedwen ein meistr rhag llaw.
Clyd ydoedd &c

Pan ddeuai dydd Sadwrn, y cyfle a gaem
Am bysgod, i afon Sirhowy yr aem,
Cydfrysio mewn hyder at odre Cwm Gwrach,
A phob un a'i linyn, abwydyn a bach.
  Clyd ydoedd &c

Hawdd gallwn 'chwanegu ein helynt ni'n dau,
Ond atgof sy'n peri i'm calon bruddhau,
Os wyf yn gwargrymu gan bwys henaint du
Mae'r cofion yn fywiog am gyfaill mor gu.
  Ni ddichon daeargryn, taranau na mellt
  Ddihuno'm câr annwyl o'r bwthyn to gwellt.

(O'r llyfrau cyfrifon yn yr Amgueddfa Werin, Sain Ffagan. Nid cheir union ddyddiad i'r gerdd hon, dim ond y flwyddyn, 1867.)

Galarnad Iago ar ôl ei frawd Richard James yr hwn a hunodd, Mai 20ain, 1835

Pa beth a wnaf, pa gysur fydd im' mwy
Tra teimlwyf hiraeth tan fy mruddaidd fron?
Fy nghalon fach wnaeth suddo megis plwm;
Fy ocheneidiau trist arwyddant gur
Yn fewnol; a fy nagrau gloywon red
Yn ffrwd orlifog tros fy wyneb llwyd
Pa ryfedd yw, gan i mi golli brawd
A chyfaill ffyddlon dihafalydd. Trist
I'm henaid gofio am yr amser gynt
Pan oedd ei serchog wen a'i eiriau mad
Yn peri im yn fynych ymhyfau
Nes torri trwy ofidiau trist y byd.
Er bod ein brawd ymhell o dir ei wlad
Ychydig wyddom am ei helynt ef;
Beth oedd ei deimlad pan yn gorfod ffoi
O dre i dre. Mewn nerth a dychryn hêd
Mal alltud prudd heb wybod man i droi
Rhag syrthio'n aberth idd y marwol haint.
Gofidus iawn oedd in' ei ganfod ef
Yn troi ei gefn 'nôl rhoddi'r ffarwel oer.

Mae gobaith yn cysuro'r galon brudd
Gan addo ei ddychweliad dedwydd ef
Yn hoenus iach i'w enedigol dref.
Ond am fy mrawd trancedig nid oes sail
Y caf ail gyfrinachu fyth ag ef.
Anobaith du sy'n llanw'm mynwes gu
Gan feithrin ynwyf hiraeth trist a nych.
Och! Gaeaf du tymhestlog oerllyd llwm
A'm goddiweddodd pan yn nhymor haf,
Y blodau heirdd amryliw a fu gynt
Gan hoff serchogrwydd yn addurno'r tir;
Hwy roes eu holl ni fedrant harddwch mwy -
Darfyddodd ei gorwychder mirain chweg.
Paham, paham y bu'r fath ddifrod trist
Nes peri i anian fywiog i lesgâu?
Ond, och! angeuol gorwynt ruthrol ddaeth
Nes gwywo un o'r lleisiau hynod hardd
A feddai'n gwlad.

(Cefais y copi o'r gerdd hon gan Mrs Barbara Jenkins, Mynydd Cynffig. Mae'n amlwg i'w frawd, oedd ychydig yn hŷn na Ieuan, farw mewn gwlad dramor ond ymhle?)

Englyn i'r Fwyell

O gadarn haearn gwnaed hi – os byr yw,
   Coes o bren sy trwyddi;
  Min dur yw'r man i dorri –
  Ba well arf na'm bwyell i?

(O'r llyfrau cyfrifon, Amgueddfa Werin Sain Ffagan. Tachwedd 27, 1867.)

Englynion i'r dyn hunanol

Hunanwr, broliwr, bair helaeth – ddadwrdd
   Ydy'i oruchafiaeth;
  Anwych ŵr, ni fedd ddawn, chwaith,
  I gyrraedd nod rhagoriaeth.

Heb eirda fe honna burdeb – mewn dysg,
   Mewn dawn a doethineb,
Ei ymffrost glywch, uwch na neb
Yn niwldarth hunanoldeb.

(O lyfrau cyfrifon Ieuan ab Iago, Amgueddfa Werin Sain Ffagan. Nodir Eisteddfod Aberpennar, 1869, uwch ben yr englynion hyn.)

Cân am Bren Afalau, Mari fy Chwaer, Bargod
(Tôn: Highland Mary)

Ar lan nant Bargod treuliais gynt
   Flynyddau fy mabandod;
Mor hoff yw myned ar fy hynt
   I weld fy hen breswylfod.
Chwaraeais filwaith gyda'r plant
   Ar wastad waun y felin
A chyd-ymdrechu neidio'r nant
   Gerllaw y domen eisin.
Os byth yr âf i'r Gelli-gaer
   Mor unol a fy elfen,
Gwell pren afalau Mari'm chwaer
   Sy'n tyfu gerllaw'r focsen.

Rwyn cofio'r ardd gynhyrchiol iawn
   Gogyfer â'r Hen Dafarn,
Ac ar ei chamfa draenen gawn
   I'w diogelu'n gadarn.
Ni feiddiai neb heb ganiatâd
   Anturio i'w chyffiniau,
Er cael i'w fynwes wir foddhad
   Ymhlith ei pheraidd ffrwythau.
Os byth yr âf &c

Dychmygaf weled Tom fy mrawd
   Yn chwynnu ymhlith y cennin,
A Dan â'i got yn wyn gan flawd
   O'i wirfodd gyda'i erfin;
A Mari draw yn llwyd a llaith

    Yn prysur drin y blodau,
  Gan daflu'i golwg ambell waith
    At ei hoff bren afalau.
  Os byth yr âf &c

  Fy chwaer, fy chwaer, mor annwyl yw
    Ei theulu gwiw a'i thrigfan,
  Yr ym ni'n dau yn wan a gwyw
    Yn hydref pellder oedran.
  O boed i'w phren gael chwarae teg
    Drwy deilwng iawn feithriniaeth
  Fel dygo eto aeron chweg
    Yn berlau'i choffadwriaeth.
  Os byth yr âf &c

(O lyfrau cyfrifon Ieuan ab Iago, Amgueddfa Werin Sain Ffagan. Ceir y dyddiad Awst 25, 1867, wrthi.)

Cân Iforaidd

Cymry ffyddlon ydym ni
  Dros ein gwlad a thros ei bri,
Cyndyn deithiwn ddydd ein gwledd
  Mewn brawdgarwch pur a hedd.
O cyd-orfoleddwn, cyd-ymderchwn y dydd
  Dan faner Iforiaeth, Iforiaeth a fydd.

Na foed gelyn byth i'w gael
  I Urdd annwyl Ifor Hael,
Ac os bydd un na wŷr am werth
  Undeb gwir mor fawr ei nerth.
O cyd-orfoleddwn &c

Pwy a ddwed nad ym yn gall
  Trwy lesoli naill y llall;
Gweddwon ac amddifaid gawn
  Yn dyrchafu'n clodydd llawn.
O cyd-orfoleddwn &c

Er proffwydo lawer gwaith
  Drancedigaeth yr hen iaith,
Bydd ei seiniau'n bêr i'r clyw
  Tra bo gwir Iforydd byw.
O cyd-orfoleddwn &c

(O lyfrau cyfrifon Ieuan ab Iago, Amgueddfa Werin Sain Ffagan. Ceir y dyddiad Gorffennaf 11, 1876, wrthi.)

Cân Wladgarol – O Rhowch i Mi Fwth

Mae llawer yn llwyddo 'nôl myned ymhell
Tros foroedd i wledydd estronol,
Ond mwy ar ôl myned yn methu gwneud gwell
Er siomiant yn eithaf hiraethol.
  Fy ngwlad, o fy ngwlad, pa Gymro a'th âd
  Heb deimlo ei fron yn glwyfedig –
  O rhowch i mi fwth a thelyn neu grwth
  Yn rhywle yng Nghymru fynyddig.

Os nad yw'r hen Gymru fu unwaith mewn bri
Yn awr yn mwynhau ei holl freiniau,
Arafwn ychydig, dywedwch i mi,
Pa wlad sy dan haul heb ei beiau?
  Fy ngwlad, o fy ngwlad, rhof i ti fawrhad
  Dy enw sy'n dra chysegredig –
  O rhowch i mi fwth a thelyn neu grwth
  Yn rhywle yng Nghymru fynyddig.

Cysegrwyd ei bryniau a'i dolydd tra heirdd
Â gwaed ein gwladgarol gyndeidiau;
Llochesodd derwyddon heddychol a beirdd
Rhag difrod yng nghelloedd y creigiau.
  Fy ngwlad, o fy ngwlad, ei noddwyr di-frad
  Ddyrchafant eu heniaith gyntefig.
  O rhowch i mi fwth a thelyn neu grwth
  Yn rhywle yng Nghymru fynyddig.

(Mae'r gân hon yn ddiddorol oherwydd gosododd Gweirydd ap Rhys, yn ei **Hanes y Brytaniaid**, yr ail bennill ar ôl geiriau pennill cyntaf *Hen Wlad Fy Nhadau*. Ll.G.C. Llawysgrifau Ieuan ab Iago.

Câs Gŵr Nas Caro'r Wlad a'i Maco

Gwlad dy fam ddinam oedd annwyl, – ei bri
　Ni phrisi, na'i phreswyl;
　Pe gallwn, rhoddwn ar ŵyl
　Dywarchen ar dy orchwyl.

(Englyn draddodwyd yng Nglyn Corrwg, Gŵyl Ddewi 1836. Ll.G.C. Llawysgrifau Ieuan ab Iago.)

Atodiadau

ATODIAD 1

Llythyr Taliesin James o'i gartref yn 281 Albany Road, Caerdydd, dyddiedig Rhagfyr 4, 1910:

Dear Mr Crockett,

Replying to your enquiry as to when *"Hen Wlad Fy Nhadau"* was composed, I have before me the original manuscript of the melody. It is dated January 1856.
    I have often heard my father say that on a Sunday afternoon, in that month and year, he went for a walk up the Rhondda Road and that the melody then came to his mind. Returning to my grandfather's house, but a few doors from his own, he said to him, "Father, I have composed a melody which is in my opinion, a very fitting one for a Welsh patriotic song. Will you write some verses for it?"
    "Let me hear it," said my grandfather. My father then sang the melody, and my grandfather said, "Fetch your harp, James." My father brought the harp to the Factory House and played the air on that instrument. My grandfather was greatly struck with it, and at once took down his slate which always hung by the side of his armchair by the fireplace and in a few minutes the words of the first verse were written. My father was singing the words to his melody, accompanying himself on the harp, when my grandmother returned home from evening service at Carmel Baptist Church, where she was a zealous and devoted member. She reprimanded my father severely for desecrating the Sabbath by playing the harp. He replied by saying to her, "Mam, cofiwch am y Brenin Dafydd yn chwarae ei delyn." ("Mam, remember King David playing his harp.") The second and third verse was written by the next day. The song became accordingly popular, so popular in fact that even the children were soon singing and whistling it in Pontypridd.
    A prize was offered at the great Eisteddfod of Llangollen in 1858 for the best collection of unpublished Welsh airs. A friend of my father's, Mr Thomas Llewelyn (Llewelyn Alaw), a well known Welsh harpist and clever poet, decided to compete for this prize and with that in view called upon my father and asked him if he knew any unpublished Welsh airs. My father replied saying he did not, but one of his songs, which he called "Glanrhondda" in the original manuscript because I presume it was

composed on its banks, had become very popular, and if he (Mr Llewelyn) liked it, he could insert it in his collection with pleasure. My father was weaving at the time and he sang it to Mr Llewelyn from the loom, he (Mr Llewelyn) meanwhile sitting on a three legged stool jotting down the notes. Mr Llewelyn added this song to his collection of unpublished Welsh Airs, competed at the Llangollen Eisteddfod and was awarded the first prize.

Owain Alaw, organist of Chester Cathedral, was the adjudicator and he, under the impression that it was an old song rescued from oblivion by Mr Llewelyn, published *Hen Wlad Fy Nhadau* in the third volume of his *"Gems of Welsh Melodies"*. My father and grandfather protested against this and Owain Alaw apologised to them and explained how the song came to be inserted in the *"Gems"*. Owain Alaw then asked for and obtained the permission of my father and grandfather to continue the insertion of *"Hen Wlad Fy Nhadau"* in the third vol. of *"The Gems Of Welsh Melodies"* which states that the song is published by permission of James James. Owain Alaw, some year after, offered to buy the copyright and offered my father £15 worth of copies of his (Owain Alaw) song *"Mae Robin yn Swil"*.

Don't you think this was a gross piece of impertinence after selling hundreds of copies of Vol. 3 of the *"Gems of Welsh Melodies"*? Mr Hughes of Wrexham, who published the *"Gems of Welsh Melodies"* for Owain Alaw called at the Factory, Pontypridd, on one occasion and told my father that more copies of Vol. 3 had been sold than Vols. 1 & 2 put together. Mr Hughes presented my father with the 3 Vols. and this is all he ever got for his song. Nothing from Owain Alaw who must have made hundreds of pounds out of father and grandfather's song. The song that is now distinguished by the title of *"The Welsh National Anthem"*.

Yr eiddoch yn bur,
Taliesin James

ATODIAD 2

Yn ôl a sgrifennodd Owen Morgan, (Morien), yn ei *History of Pontypridd and District* (1903) fel hyn y cyfansoddwyd ein hanthem. Honnai Morien iddo gael y wybodaeth gan y bardd ei hun pan oedd yn ei saith-degau:

"'It was,' said the Bard, 'on a Sunday evening, in January, 1856. My Wife and some of the children had gone to the service at Carmel Chapel and I was quite alone. I was brooding over thrilling incidents in the past history of Wales. My age at the time was 46 and James my eldest son, was 24 years old, and he played excellently on the harp. I had gone upstairs, intending to retire early, and was partly undressed when I heard James entering the house and then calling out, "Yn nhad, dewch i lawr yn union!" (Father, come down immediately!) The harper spoke so excitedly that I went down as I was.' 'I have been,' said James, 'for a stroll along the side of the Rhondda, and in the sound of its roar I have composed a new melody which has greatly moved me.' 'His face was aglow,' said the father. The father invited him to play it on his harp. The harp of Wales was brought forth to the middle of the room, then 'among the strings his fingers strayed' and with closed eyes the young Kimmerian sought to recall the notes which the dancing waters of the Rhondda had suggested to his soul. While thus engaged the mother returned from Mount Carmel conventicle and cried to James, 'what in the world is the meaning of this! Playing the harp on the Sunday night!' 'Mam annwyl,' replied James, 'don't forget King David played the harp of the tribe of Royal Judah in the house of the Lord.' Then the young harper of the Rhondda river bank caught the immortal strain and the mother and father looked on entranced."

ATODIAD 3

Fel hyn y ceir y stori y *The Story of the National Anthem of Wales,* pamffled gan Syr Alfred T. Davies, a gyhoeddwyd ar achlysur dadorchuddio llechen yn Neuadd Goffa Ceiriog, Glyn Ceiriog, ym 1942, yn diolch i'r tad a'r mab o Bontypridd am yr anthem:

"Evan James (Ieuan ap Iago, to give him the bardic title by which he was best known among his poetaster contemporaries) was a weaver by trade. Like many a Welshman, whether weaver, shoemaker, or shepherd, he mixed poetry with his work. One Saturday night, he 'sat musingly and thoughtfully' in his home at Pontypridd, in Glamorganshire. On the following (Sunday) morning he caused a message to be sent to his son James (Iago ap Ieuan) asking him to come to him and to bring with him his harp. Accordingly, in the evening, 'when the people were in Chapel,' his son, nothing loth, 'slipped down to his father's house' where later, on her return home his mother – finding him there with his beloved instrument, and doubtless playing it – sharply rebuked him. The rejoinder which she thereby brought upon herself, and which related to a certain Biblical incident, connected with David and his harp, seemingly closed further discussion on the subject, else the result might, perhaps, have been less happy for the world than, fortunately, proved to be the case.

"And so, it came about in this simple way and on that Sunday evening, whilst the father held in his hand the slate in which he was wont to jot down the thoughts which had surged through his mind during the day, the son swept the strings of his harp to the notes of the now imperishable melody which came to him as he did so. The older man, carefully adapting his words to the air, gave utterance to the theme which now forms part of the heritage of the Welsh people everywhere. Neither father nor son, in obedience to some over-powering influence, could free himself from the spell of a national sentiment which each wished to express. The song and the air are inseparably connected; they issued together as twins from the womb of thought. The first verse of 'Land of my Fathers' was finished that night; the second and third verses were added 'by early dawn of the next day.' Such is the simple story of the origin which its composers named 'Cwm (sic) Rhondda'."

ATODIAD 4

Adroddiad y *Monmouthshire Merlin* o Eisteddfod Gelligaer, a gynhelid bob Nadolig. Hon oedd yr wythfed ac fe'i cynhaliwyd ym 1848 neu 1849.

Mr Evan James followed in a strain of attractive eloquence, in prose and verse; in the course of which he observed, that the present generation ought to exert themselves in every branch of literature to perpetuate their names, so that posterity may know that once such men had lived and had not thrown away their time. The Welsh, as a nation, had their antiquities, like other nations and he was glad to find that his brothers, the English, always gave commendation and credit to the Cambrian Triads – compositions of peculiar ability and wit. He was also glad to find that there was a Welsh monthly periodical about to be issued from the press at the beginning of the New Year, called the "Females of Wales", edited by the Rev Evan Jones[1]; and he would certainly, inasmuch as there had been such libellous allegations against the character and chastity of the fair sex belonging to Wales, exhort all present to become subscribers to it. (Loud cheers).

[1]Ieuan Gwynedd (1820 – 52), yn enedigol o ardal Dolgellau ond treuliodd ei flynyddoedd olaf yng Nghaerdydd. Mae ei fedd ym mynwent y Groeswen, rhwng Caerffili a Phontypridd. Yr oedd yn frwd o blaid dirwest ac ymosododd yn ffyrnig ar gomisiynwyr y Llyfrau Gleision. Y cylchgrawn oedd *Y Gymraes*. Mae'n bosib mai Ieuan Gwynedd ei hun sgrifennodd yr adroddiad hwn, yr oedd yn gyfrannwr cyson i'r *Monmouthshire Merlin*.

Llyfryddiaeth

Bebb, Ambrose: Pererindodau, Y Clwb Llyfrau Cymraeg (1941).

Bowen, Geraint: Golwg ar Orsedd y Beirdd, Gwasg Prifysgol Cymru (1992).

Edwards, Oswald: A Gem of Welsh Melody, Coelion Publications (1989).

Ellis, Tecwyn: Hen Wlad Fy Nhadau, yn **Cylchgrawn Llyfrgell Genedlaethol Cymru** (1954).

Evans, Meredydd: Pwy Oedd "Orpheus" Eisteddfod Llangollen 1858? yn **Hanes Cerddoriaeth Cymru / History of Welsh Music** Cyfrol 5 (2002), Golygydd Sally Harper.

Evans, Thomas: The History of Miskin Higher or The Parishes of Aberdare and Llanwynno, cyhoeddwyd gan yr awdur (1965).

Griffiths, Gwyn: Pontypridd yn **Rhwng Dwy Afon,** Eisteddfod Genedlaethol Urdd Gobaith Cymru, Taf-Elái (1991), golygydd David A. Pretty.

Hughes, D. G. Lloyd: Anthem Genedlaethol y Cymry, Y Faner (Awst 3, 1984).

Huws, Daniel: Ieuan ab Iago. Yn **Cylchgrawn Llyfrgell Genedlaethol Cymru** (Gaeaf, 1969).

Leyshon, Thomas Taliesin: Bridges to Harps to Millionaires (1993), Cyhoeddwyd gan yr awdur.

Miles, Dilwyn: The Secret of the Bards of the Isle of Britain, Gwasg Dinefwr (1992).

Morse, Dafydd: Glanffrwd a 'Chlic y Bont' yn **Rhwng Dwy Afon,** Eisteddfod Genedlaethol Urdd Gobaith Cymru, Taf-Elái (1991), golygydd David A. Pretty.

Morse, Dafydd: Thomas Williams (Brynfab, 1848-1927). Yn **Cwm Rhondda,** Gwasg Gomer (1995), golygydd Hywel Teifi Ewards.

Nicholas, W. Rhys: The Authors of 'Hen Wlad Fy Nhadau' o **The Bridge and the Song,** Llyfrgelloedd Sir Morgannwg Ganol (1991), golygyddion P. F. Tobin a J. I. Davies.

Morgan, Owen (Morien): History of Pontypridd and District (1903).

Scholes, Percy A.: Hen Wlad Fy Nhadau. Yn **Cylchgrawn Llyfrgell Genedlaethol Cymru** (Haf, 1943).

Thomas, Mair Elvet: Afiaith yng Ngwent. Gwasg Prifysgol Cymru (1978).

Walters, Huw: Beirdd a Phrydyddion Pontypridd a'r Cylch yn y Bedwaredd Ganrif ar Bymtheg. Yn **Merthyr a Thaf,** Gwasg Gomer (2001), golygydd Hywel Teifi Edwards.

Walters, Huw: Cynnwrf Canrif. Barddas (2004).

Walters, Huw: Myfyr Morganwg and the Rocking-Stone Gorsedd. Yn **A Rattleskull Genius,** Gwasg Prifysgol Cymru (2005), golygydd Geraint H. Jenkins.

Webb, Harri: Our National Anthem. The Triskell Press (1964).

Williams, Griffith John: Traddodiad Llenyddol Morgannwg. Gwasg Prifysgol Cymru (1948).